D0561026

Un cœur gros comme ça

KATHY HARRISON

Un cœur gros comme ça

FRANCE LOISIRS

Titre original : *Another Place at the Table*
publié par Jeremy P. Tarcher/Putman, a member of Penguin
Putman Inc., New York.

Traduit de l'anglais (États-Unis) par Francine Siety

Édition du Club France Loisirs,
avec l'autorisation des Éditions des Presses de la Cité.

France Loisirs,
123 boulevard de Grenelle, Paris
www.franceloisirs.com

ISBN : 2-7441-7047-X

Ceci est l'histoire de ma famille — de mes enfants biologiques, de mes enfants adoptifs et de nombreux autres enfants que j'ai accueillis, parfois brièvement, au fil des ans. Mes enfants biologiques et adoptifs sont désignés par leur véritable prénom. J'ai modifié les noms des parents et les caractéristiques familiales de mes enfants adoptifs, ainsi que les noms des parents et les caractéristiques familiales des autres enfants qui ont été accueillis au sein de notre grande famille. J'ai fait cela par égard pour leur vie privée. Les noms de certaines autres personnes figurant dans ce livre ont également été modifiés.

Remerciements

Je n'aurais jamais entrepris la rédaction de ce livre sans la confiance à toute épreuve de Bruce, mon mari, qui m'a toujours crue capable de la mener à bien.

Mon ami B. J. Roach m'a convaincue qu'il y avait une histoire à écrire.

Mes enfants, dotés d'une mère handicapée sur le plan technologique, m'ont aidée à taper, imprimer, couper, coller et formater. En d'autres termes, ils m'ont tirée des griffes de mon premier ordinateur.

Mon agent chez Curtis Brown, Maureen Walters, a été la providence d'un auteur débutant; son enthousiasme m'a donné l'élan qui m'a permis de transformer une idée en manuscrit.

Wendy Hubbert, mon éditrice chez

Jeremy Tarcher, m'a prise doucement par la main et ne m'a pas lâchée durant cette démarche. Sa sagesse, son humour, son inspiration et son indéniable motivation m'ont soutenue dans les périodes difficiles.

Merci, enfin, à Allison Sobel également chez Jeremy Tarcher, à Joanna Durso chez Curtis Brown, et à Stanley Wiater, mon professeur à l'université du Massachusetts.

Ce livre est dédié à mes nombreuses familles.
Mon mari Bruce, et nos enfants Bruce Jr,
Nathan, Benjamin, Neddy, Angie et Karen,
m'ont apporté l'amour et le soutien qui ont
rendu notre étrange famille possible.
Mes frères et ma sœur, Gloria Williams, Robert
et James Scott, me rappellent sans cesse
l'importance d'une histoire partagée.
Ma mère, Jean Scott, m'a toujours fait
confiance.
Les enfants arrivant chez nous seuls et apeurés
avaient toujours une histoire à raconter et ne
sont jamais repartis sans emporter avec eux
une part de notre cœur.

Introduction

« Que faites-vous dans la vie ? » Étant donné l'option que j'ai choisie, je finis par redouter cette question inévitable dans une soirée mondaine. J'envie mon mari, qui peut répondre en toute simplicité : il dirige les services de construction d'un grand établissement de soins pour convalescents. La gestion du personnel et d'un budget n'a rien d'un mystère pour la majorité des individus. Mon cas est un peu plus complexe. Depuis treize ans, je suis une « maman d'accueil ».

Ce terme évoque des images différentes selon les gens. Après m'avoir entendue, certaines personnes se gardent d'insister, car elles se croient en présence d'une femme qui passe son temps à regarder *L'Île aux enfants* et à changer des couches. D'autres se lancent dans une tirade contre les défaillances du système, comme si j'en étais responsable. La plupart semblent sincèrement perplexes et j'ai du mal à satisfaire leur curiosité. Tandis que les voix de près d'une centaine d'enfants murmurent à mon oreille, j'ai moi-même l'impression que la réalité change constamment.

Il m'arrive de laver à longueur de journée des assiettes, des planchers, des visages barbouillés et des chaussettes désassorties. Avec du sale, je fais du propre — mais j'ai parfois l'impression de faire beaucoup plus. Les enfants m'arrivent brisés. Ils ont perdu tous leurs repères en quelques heures. Ils sont les rescapés d'un cataclysme auquel ils ne comprennent rien. Ma tâche consiste à rassembler les morceaux pour les aider à se reconstruire. Je leur offre un îlot de sécurité dans un monde instable et terrifiant.

Ce n'est pas une image facile à décrire, et cela n'a rien à voir avec ce que je pensais faire de ma vie. Nous avons grandi,

Bruce et moi, à quelques kilomètres l'un de l'autre, dans une petite bourgade à l'ouest du Massachusetts. Nous nous sommes mariés jeunes et avons aussitôt entrepris de fonder une famille. Nos trois fils ont fait notre joie. Leur petite enfance s'est écoulée dans une charmante ferme ancienne, appartenant à une fondation privée. Nous avions peu d'argent, mais de nombreuses compensations. Bruce, Nathan et Ben gardent le souvenir d'une enfance plutôt idyllique : ils trayaient les vaches et couraient derrière les volailles. Nous cultivions presque tout ce que nous consommions et dépendions de la paroisse ou de la communauté pour nos loisirs. Nous étions d'autant plus isolés que nous n'avions pas de télévision, ce qui nous protégeait même d'une exposition indirecte au monde extérieur.

Tout changea en 1988, car Bruce avait acquis une certaine notoriété dans son domaine. On lui proposa un salaire intéressant dans le secteur des services médicaux, au moment précis où nous allions voir des frais d'inscription universitaire poindre à l'horizon. Bien que cela nous contraignît à déménager, il accepta cette offre et, pour la première fois depuis la naissance de mes enfants, je dus me mettre en quête d'un nouveau logement et d'un emploi rémunérateur.

Nous souhaitions rester dans la ville natale de nos enfants, qui présentait selon nous de nombreux avantages. C'était une bourgade paisible, dotée d'excellents établissements scolaires, un lieu privilégié où l'on improvisait encore des dîners à la fortune du pot, des parties de base-ball le dimanche après-midi, et des pique-niques dans le parc. Nous nous y sentions parfaitement à l'aise.

C'était la fin du boom de l'immobilier : peu de logements de banlieue étaient dans nos prix. Nous payâmes finalement trop cher une habitation trop vaste et trop délabrée pour un couple d'âge mûr avec trois enfants. Une vieille bâtisse ouverte aux quatre vents et décorée avec le mauvais goût des années soixante ! Tout était peint en brun chocolat, à part la salle de bains, dont les murs étaient, j'ignore pourquoi, tapissés de galets. Une fois sur les lieux, le plombier refusa de toucher aux tuyaux, bien qu'il eût passé une demi-heure (à nos frais) à hocher la tête en maugréant. Quand l'électricien et le chauffagiste eurent la même réaction devant l'installation électrique et la chaudière, il nous fallut admettre à contre-cœur que notre budget de rénovation initial était bien inférieur aux dépenses prévisibles. Heureusement, il y avait assez de terrain pour un jardin, et nous nous mîmes au travail avec plus d'enthousiasme que de bon sens.

Trouver un emploi ne me posa pas trop de problèmes. J'avais suivi par le passé assez de cours de puériculture pour obtenir un diplôme d'enseignement, et je trouvai relativement vite un poste dans le cadre d'un programme local. Cette expérience m'ouvrit les yeux : les gosses de quatre ans « à risque » dont je m'occupais n'avaient rien de commun avec les enfants sains et épanouis dont j'avais l'habitude. Six d'entre eux vivaient dans des familles d'accueil. Un grand nombre avaient été exposés à une violence inimaginable pour moi. Certains étaient durs, d'autres méfiants, mais chacun d'eux m'émut d'une manière inattendue.

Les familles d'accueil m'intriguaient. Il y en avait de très bonnes et d'effroyablement mauvaises. L'argent et l'éducation n'avaient rien à voir avec leur efficacité ni avec l'amour qu'elles prodiguaient. Certaines parmi les meilleures étaient à la limite de la pauvreté, mais elles avaient un point commun indiscutable : une ouverture d'esprit et une chaleur humaine qui m'attiraient autant que les enfants. Pour la première fois de ma vie, je sentis s'éveiller en moi une vocation.

Serais-je capable de suivre cette voie ?

Une tradition de philanthropie m'a été transmise par mes parents. La présence d'un ou deux hôtes ou même de familles entières à notre table figure parmi mes plus lointains souvenirs. Mon père et ma mère avaient l'habitude d'accueillir des personnes en difficulté pour leur offrir un repas et un gîte provisoire. Au début des années soixante, une époque où l'on déshéritait encore les jeunes femmes enceintes « hors mariage », mes parents ouvraient couramment leur porte à de futures mères célibataires. Mes frères et sœurs et moi-même avons hérité de leur sens social.

Vu mes antécédents, je ne m'étonne pas d'avoir été attirée par les enfants en famille d'accueil. Une fillette m'émouvait particulièrement, car elle contrastait à tout point de vue avec mes fils. Ceux-ci étaient blonds et minces et ne pouvaient pas renier leurs ancêtres du *Mayflower*, alors qu'Angelica était une beauté latino-américaine, sombre et robuste, douée d'un aplomb inhabituel chez un si jeune enfant. Sa famille d'accueil avait peu de chose à lui offrir ; elle y était considérée comme une gêneuse, incapable de rentrer dans le rang. À la fin de l'année scolaire, il apparut clairement que la dégradation de son comportement ne permettrait pas de prolonger son placement.

Bruce et moi passâmes plusieurs soirées à discuter de sa situation, tout en regardant nos trois garçons heureux et épanouis jouer au ballon dans le jardin. Bruce ne connaissant pas Angie, j'aurais parfaitement compris qu'elle ne lui inspirât pas un intérêt aussi vif qu'à moi, qui passais cinq jours par semaine avec elle. Or, après m'avoir entendue raconter l'histoire de cette fillette de quatre ans, seule au monde, mon mari s'inquiéta lui aussi de son sort. La mère d'Angie, accro à la drogue et en mauvaise santé, ne pourrait probablement jamais prendre sa fille en charge. Mais le pourrions-nous ?

Je ne saurais dire quand « pourrions-nous ? » devint « comment pourrions-nous ? », puis « comment ne pas...? », mais ce phénomène se produisit au bout de quelques semaines. Nous parlâmes à nos enfants, suivîmes le programme de formation obligatoire pour toutes les familles d'accueil et adoptives, et prîmes Angie chez nous. Six mois plus tard, Neddy, sa sœur âgée de huit ans, nous rejoignait. Nous nous sentîmes au complet.

Dans notre cercle d'amis, deux enfants étaient la norme, trois l'exception, et cinq l'extraordinaire. Nous avions cinq enfants et, selon les critères généralement admis, cinq auraient dû nous suffire.

Les services sociaux ne l'entendaient pas ainsi, car la pénurie chronique de familles d'accueil compétentes leur pose problème. Les familles prêtes à accueillir des adolescents rebelles ou de jeunes enfants hyperactifs sont rares. Ainsi, ces enfants « difficiles » occupent des places qui devraient être réservées aux nouveau-nés et aux enfants souffrant de problèmes médicaux. Étant donné la pénurie de lits disponibles, personne ne s'étonnera que, possédant un certificat d'aptitude et quelques chambres libres, j'aie reçu un nombre incalculable de coups de fil me priant d'accepter Juanita, Thomas ou Kellie « pour quelques jours seulement ».

Au début, nous n'eûmes aucun mal à refuser. Nous étions en train d'adopter Angie et Neddy et ne souhaitions pas devenir une famille d'accueil. Nous avions simplement suivi la formation et obtenu notre certificat, car c'était une démarche inhérente au processus d'adoption des deux fillettes. Nous redoutions que les allées et venues d'autres enfants en difficulté fassent douter nos filles de notre engagement à long terme vis-à-vis d'elles.

Cependant, au bout de quelques mois, je sentis ma résistance vaciller. Je n'éprouvais guère l'envie ou le besoin d'avoir d'autres enfants, mais toutes les histoires que j'entendais étaient navrantes, et j'ai toujours souffert d'une imagination débridée. Franchir le pas entre une gamine de six ans anonyme victime d'abus sexuels et une petite fille en chair et en os ne me demandait aucun effort. Je devinais l'odeur de son corps mal lavé; je voyais ses pieds de se balançant dans le vide, tandis qu'elle était assise inconfortablement sur un siège en plastique, dans une salle d'attente de la DSS (Direction des services sociaux) du Massachusetts. Je l'imaginais se demandant si quelqu'un s'intéresserait à son sort, accepterait de la nourrir, prendrait le temps de s'asseoir auprès d'elle ou de lui tenir la main.

Je connais ce service. Il regorge de personnes aimables et bien intentionnées, mais toujours sur les dents. Elles auraient à peine le temps de lui donner une boisson chaude et de lui tapoter la tête avant de foncer vers l'urgence suivante.

Je pouvais offrir à cette fillette ce dont elle avait besoin : un moment en compagnie d'une adulte attentive et bienveillante. Je savais comment elle se sentait. Il lui fallait un bain, des draps propres et un sentiment de sécurité, même éphémère. Je pouvais lui procurer cela. Nous pouvions nous serrer un peu pour lui faire une place.

J'ouvris donc ma porte à Elizabeth ; puis Gabrielle arriva, et enfin Tyrone.

Un travail à plein temps avec cinq enfants n'a rien de comparable avec un travail à plein temps avec huit. Chacun de nous a eu beau coopérer, le stress se manifesta au bout d'un an. Nous étions surmenés, Bruce et moi; une décision s'imposait. Soit nous cessions d'être une famille d'accueil et je gardais mon emploi, soit nous choisissions de persévérer, et je démissionnais de Head Start.

Ce fut un choix difficile. D'autant plus que nous éprouvions, Bruce et moi, un sentiment ambivalent à l'égard des services sociaux. Notre expérience avec nos deux filles nous avait permis de vivre en direct le chagrin d'un enfant privé de sa famille. Chaque soir, nous prenions dans nos bras ces deux fillettes qui sanglotaient de désespoir, malgré l'amour que nous leur prodiguions. Nous ne pouvions nous empêcher de souhaiter qu'il y ait une meilleure solution que le placement en accueil dans les cas où les enfants ne peuvent pas compter sur leur mère biologique. Nous hésitions à nous impliquer dans un système qui, en dépit de ses bonnes intentions, fait autant de mal que de bien. J'avais même du mal à m'identifier à un « parent d'accueil ». Ils ont si mauvaise presse — parfois à juste titre.

Les bons moments l'emportèrent cependant sur les mauvais, et j'appris, enfant par enfant, à quel point un refuge sûr est important.

De l'eau a passé sous les ponts depuis qu'Angie a franchi le seuil de notre maison, il y a treize ans, avec toutes ses affaires dans un sac-poubelle en plastique vert. Je n'ai jamais repris le chemin de ma classe, afin de me consacrer aux enfants les plus démunis. J'ai accueilli des bébés abandonnés, des adolescents fugueurs, des enfants d'âge pré-scolaire en chaise roulante et des fillettes de dix ans sortant tout droit de l'hôpital psychiatrique.

Nos fils sont devenus des hommes. Bruce Jr est aujourd'hui un père dévoué. Nathan est éducateur pour adolescents perturbés. Ben, en congé universitaire de deux ans, travaille comme missionnaire en Californie. Nos filles excellent dans le sport et la musique; la bibliothèque du salon croule sous le poids des trophées sportifs et des prix qu'elles ont accumulés en une douzaine d'années. Toutes deux inscrites dans une université privée féminine, elles nous appellent presque chaque jour pour garder le contact. Leurs racines plongeant dans l'insécurité ne les ont pas empêchées de s'épanouir.

Nous avons maintenant une troisième fille, Karen. Nous l'avons accueillie en bas âge et adoptée quand elle avait trois ans. Cette fillette saine, brillante et belle était la perfection incarnée. À quatre ans, elle a commencé à manifester des troubles neurologiques. À cinq ans, le diagnostic d'un syndrome de Tourette a été posé. À six ans, elle présentait des signes de névrose obsessionnelle, et à sept ans, un début de maladie bipolaire. Nous avons réalisé que la perfection est relative. Tout en regrettant, Bruce et moi, ainsi que les frères et sœurs de Karen, qu'elle n'ait pas bénéficié de l'enfance insouciante qu'elle méritait, nous admirons sa force, son courage et sa résilience. Je remercie chaque jour le ciel de la joie que m'apporte ma fille.

Nous avons également changé, Bruce et moi. Je panique moins vite mais je m'emporte plus facilement, surtout quand j'ai l'impression que quelqu'un ne fait pas son travail et que l'un de mes enfants en pâtit. Je suis moins intimidée par les autorités en place. J'ai appris par la force des choses que savoir n'est pas toujours synonyme d'intelligence. Je suis plus consciente qu'autrefois de mes limites, et plus disposée à les respecter. Il m'arrive plus souvent d'opposer un refus aux demandes que d'acquiescer; je me sens moins angoissée et je ne me confonds plus en excuses lorsque je dois dire non. Chaque enfant a une place qui l'attend, mais cette place n'est pas nécessairement chez moi. Quant à Bruce, il participe plus activement au processus de décision.

Vivre dans une famille en perpétuel changement est pour le moins un défi. Je n'accueille plus aucun enfant sans avoir étudié, avec Bruce, son histoire et son comportement. Nous décidons ensemble si nous pouvons l'accepter sans affecter l'équilibre de Karen. Nous avons réalisé que, malgré nos bonnes intentions, nous ne pouvons pas sauver l'humanité entière, et nous sommes plus attentifs l'un à l'autre. Après que le diagnostic de Karen a été posé, nous avons installé un lieu de méditation au fond du jardin. Nous nous y retrouvons chaque jour, si le temps le permet, pour réfléchir ensemble.

Ma sagesse est chèrement acquise. Elle a un prix auquel je n'avais pas songé au début. Un prix payé par mon mari et mes enfants chaque fois que nous aimons un enfant et que nous le perdons, ou que nous ne parvenons pas à l'aimer assez. Mais surtout, un prix payé par les enfants qui viennent frapper à ma porte.

Voici l'histoire des enfants dont la trajectoire a croisé la mienne, et d'abord celle de Danny, Lucy, Sara et Karen. Je les ai accueillis ensemble chez moi, et plus rien n'a été pareil ensuite. Bien que leur histoire soit effroyable, leur cas n'est pas exceptionnel. Il y a aux États-Unis plus d'un demi-million d'enfants en famille d'accueil. Dans le seul Massachusetts, vingt enfants sont placés chaque jour. Chacun d'eux a un passé tragique et possède un certain potentiel de violence et de rédemption.

Je n'ai pas écrit ce livre avec l'intention de choquer, bien que cette possibilité ne soit pas exclue. Je ne l'ai pas écrit non plus pour influencer la politique officielle, car je suis trop réaliste pour y songer. Je voudrais simplement vous conter le périple de notre famille dans le dédale des services sociaux et celui des enfants qui, involontairement, nous y ont entraînés.

C.119. Politique familiale. But du chapitre.

Nous déclarons ici que notre politique a pour priorité de renforcer et d'encourager la vie de famille, en vue de la protection et de la prise en charge des enfants; de soutenir et d'encourager l'usage par chaque famille de toutes les ressources disponibles à cet effet; de fournir une prise en charge substitutive uniquement au cas où la famille elle-même ou les ressources dont elle dispose ne permettent pas de fournir les soins et la protection assurant les droits de chaque enfant à la santé et à un développement normal sur le plan physique, mental, spirituel et moral.

Le but de ce chapitre est de s'assurer que les enfants sont protégés des effets nocifs résultant de l'absence, de l'incapacité ou de la conduite destructrice des parents ou des substituts parentaux, et d'assurer une bonne prise en charge

parentale substitutive en cas d'absence, d'incapacité temporaire ou permanente des parents à
fournir protection et soins à leurs enfants.

Il faut bien qu'ils aillent quelque part,
ces enfants dont on parle dans les journaux, ces enfants victimes de brûlures ou
de fractures, ces tout-petits abandonnés
dans des appartements glacés, ces gosses
terrorisés qui assistent à l'arrestation de
leurs parents pour trafic de drogue, ces
adolescents au regard vitreux qui dor-
ment sur les bancs des parcs. Quand on
manque de lits, ce lieu peut être un hôpital, un foyer, un centre de détention. Parfois, ce lieu est ma maison. Tout
commence par un coup frappé à ma porte
et un enfant debout sur le porche. Pour
l'enfant concerné, mon porche n'est
qu'une étape d'un très long cauchemar. À
son insu, et d'ailleurs à l'insu de presque
tous, un véritable drame s'est joué derrière l'envers du décor, loin des yeux d'un
public généralement indifférent.

Un médecin, un voisin ou un ensei-
gnant appelle les services sociaux du

comté, car il soupçonne qu'un enfant est victime de mauvais traitements ou de négligence. Un « sélecteur » est chargé de décider si telle ou telle situation est assez grave pour justifier une intervention. Un appel concernant un enfant de dix ans restant seul à la maison après la classe sera éliminé. S'il s'agit d'un gamin de quatre ans souffrant de blennorragie, cet appel sera pris en compte. Tous les cas intermédiaires sont à la discrétion du « sélecteur ». Une décision erronée, dans un sens ou dans un autre, peut avoir des effets désastreux.

Si un appel est sélectionné, un « enquêteur » (ou une « enquêtrice ») est désigné. Les travailleurs sociaux chargés d'enquêter appartiennent à une espèce particulière. Ils ne savent jamais ce qu'ils vont trouver à leur arrivée dans une maison. Leur travail est éprouvant et parfois dangereux. Quand une situation leur paraît critique, ils retirent immédiatement l'enfant de son milieu familial, souvent en se faisant accompagner par la police. Une personne chargée du placement, travaillant aux heures ouvrables, est avertie et se met en quête d'une famille d'accueil ayant un lit vacant. Mais si cela se produit la nuit, au cours d'un week-end ou pendant les vacances scolaires, alors que le processus de recherche habituel ne peut fonctionner, il faut faire appel à la « hot line » des services sociaux. Joignable vingt-quatre heures sur vingt-quatre, sept jours sur sept, celle-ci dispose d'une liste de personnes susceptibles de recevoir des enfants à tout moment.

Figurer sur cette liste n'est pas une sinécure. Il faut s'attendre à des réveils en pleine nuit et à des fêtes familiales interrompues, mais on a l'occasion de procurer, en urgence, un important soutien affectif à des enfants aussi traumatisés psychiquement que s'ils avaient été renversés par un autobus.

Une fois qu'un « enquêteur » a décidé qu'un enfant doit être placé, son cas parvient entre les mains d'un « évaluateur ». Ce dernier dispose de quarante-cinq jours pour se faire une idée d'une famille. Il peut parler aux médecins, aux enseignants, à la famille elle-même et aux amis de celle-ci. Les règles de confidentialité ne s'appliquent pas quand un enfant est en danger. L'« évaluateur » décide ensuite ce qu'il faudrait à ladite famille pour permettre le retour de l'enfant en toute sécurité. Bien souvent, il existe déjà un dossier contenant de nombreuses informations. Les parents maltraitants d'aujourd'hui sont, hélas! les enfants maltraités d'hier; ils sont parfois connus depuis longtemps des services sociaux.

Après cette période de quarante-cinq jours, un autre travailleur social se charge du dossier. Il doit organiser des rencontres entre l'enfant et sa famille d'origine; aider celle-ci à obtenir une aide des services psychiatriques, des services du logement et autres; superviser la famille d'accueil; assister aux audiences judiciaires et aux consultations avec les psychologues et les équipes éducatives spécialisées. Théoriquement, il suivra cet enfant jusqu'à son retour dans sa famille ou à son éventuelle adoption. En fait, cela se produit rarement. La rotation est rapide dans ce secteur, et les cas sont régulièrement redistribués à de nouveaux travailleurs sociaux, qui reprennent le dossier en cours de route. De plus, les modes de gestion varient au gré des fluctuations politiques et sociales.

La prise en charge d'un enfant à risque est un processus lourd, dont la gestion à niveaux multiples s'opère sur le plan local, régional et étatique. Le système a pour objectif de protéger les enfants et il y parvient dans une certaine mesure. Il peut néanmoins les transformer en une multitude indifférenciée et anonyme — de même que les familles d'accueil peuvent devenir une collection de lits vacants. Globalement, c'est ainsi que fonctionnait la DSS quand nous devînmes « parents d'accueil », Bruce et moi, il y a treize ans — et cela n'a guère varié.

Cet organigramme constitue la base des indications que j'ai reçues pendant les trente heures de formation préalable données par les services sociaux. Cela m'a sans doute aidée, car il est toujours utile de connaître le fonctionnement du système dont on fait partie. Mais, au niveau des conseils pratiques permettant de gérer une famille hypercompliquée sans sombrer dans le chaos, le programme de formation ne m'a servi à rien. J'ai appris l'essentiel grâce à d'autres parents d'accueil et en tirant les leçons de mes propres erreurs. Aucun programme pédagogique ne peut donner une idée exacte de ce que représente la prise en charge d'un enfant victime de mauvais traitements.

Le processus d'adoption d'Angie et Neddy parvint à son terme près de trois ans après leur arrivée. Je démissionnai de mon poste d'enseignante pour devenir maman d'accueil à plein temps, avec un sentiment d'appréhension et d'insécurité comparable à celui des premiers enfants arrivés chez nous. Des semaines, puis des mois s'écoulèrent, et je me sentis progressivement à l'aise dans mon rôle.

Au bout d'un an, je connaissais toutes les ficelles du métier. Nous avions échangé notre voiture contre une fourgonnette et je m'étais inscrite à une coopérative d'achats. Je recevais de précieux conseils au cours des réunions mensuelles d'un groupe de soutien pour familles d'accueil. J'y appris que l'on n'a jamais trop de pommes de terre, de serviettes de bain et de Lego dans une maison, mais qu'il est stupide de s'encombrer de robes à froufrous. Une maman d'accueil de neuf enfants me fut d'un grand secours. « Chez nous, me dit-elle, deux chaussettes forment automatiquement une paire. » Ce bon sens élémentaire ne figurait pas au programme de formation.

Mes relations se répartirent dès lors en deux catégories distinctes. Nous continuâmes, Bruce et moi, à dîner en ville et à passer nos vacances avec les couples que nous fréquentions depuis des années, mais je me constituai un second cercle d'amis parmi les familles d'accueil. Certaines de mes nouvelles amies avaient renoncé, comme moi, à leur carrière, dans l'espoir de rendre la vie meilleure aux enfants défavorisés. D'autres n'avaient pas d'expérience professionnelle antérieure. Nous formions un groupe éclectique, animé par un même dévouement, et nous partagions tout, depuis les meubles pour bébé jusqu'aux ragots du service social.

Ce groupe était aussi le seul endroit où nous pouvions, Bruce et moi, parler de nos succès quand des familles avaient réussi à s'en tirer, et de nos peines quand nous avions le cœur brisé d'avoir perdu un enfant. Oui, le cœur brisé... Le programme de formation avait omis de mentionner cela aussi, et nous dûmes nous initier par nos propres moyens. Je me souviens que, la première fois que j'eus le cœur brisé, je n'appelai ni une assistante sociale, ni un membre de ma famille, ni l'une de mes anciennes amies. Seuls d'autres parents d'accueil, ayant connu une semblable expérience, pouvaient réellement me comprendre.

J'avais déjà souffert, mais je considère ce chagrin comme le premier signe de ma prétention légitime au titre de maman d'accueil. De même que ce n'est pas la première chute mais le fait de remonter à cheval qui compte le plus pour un cavalier.

Nous devînmes, Bruce et moi, une famille d'accueil de la hot line au début de notre deuxième année d'expérience. Il se passait rarement un week-end sans que je reçoive au moins un appel d'une assistante sociale désirant placer un ou deux enfants en urgence. Je ne sursautais presque plus quand le téléphone sonnait en pleine nuit, mais je n'avais pas encore atteint le niveau de sérénité souhaitable.

Nous installâmes finalement un branchement téléphonique à côté de notre lit pour me permettre de répondre aux appels sans qu'ils réveillent toute la maisonnée. Dès la première nuit, la sonnerie du téléphone m'arracha à mon sommeil. Au bout du fil, une voix scandaleusement fraîche et joyeuse, vu mon état d'abrutissement.

— Nous cherchons une place pour un bébé, fit mon interlocuteur. Pouvez-vous nous aider?

— Un petit garçon de dix mois? Bien

sûr. Amenez-le-moi. Je laisse la lumière allumée.

Branle-bas de combat immédiat, mais je commençais à en avoir l'habitude. Bruce n'ouvre même pas l'œil tandis que je me hâte de tout préparer, pareille à un zombie. Je sors le petit berceau et l'installe dans le salon, puis je trouve une literie propre et quelques couches. Après avoir préparé un biberon, je me pelotonne devant le feu et j'attends.

Que dire de l'attente d'un bébé? C'est un peu la même angoisse qu'avant une naissance. Une excitation mêlée d'appréhension, la crainte de ne pas être prête. Je me pose toujours les mêmes questions depuis que j'accueille des enfants. Dans quoi me suis-je lancée? En suis-je capable? Et si le bébé passait la nuit à hurler ou tombait malade? Si ses problèmes s'aggravaient par ma faute? Si je l'aimais trop pour le perdre, ou, pis encore, si je ne l'aimais pas assez?

Heureusement, il suffit que les phares d'une voiture éclairent mon allée pour que mes plus folles angoisses se dissipent aussi vite qu'elles sont survenues.

Au fil des ans, j'ai oublié la plupart des travailleurs sociaux de la hot line qui, tels des cigognes, m'ont fait ces livraisons nocturnes. Ils arrivent chez moi en coup de vent et je les revois rarement. Mais je me souviens de Miguel. Je me souviens de ses grandes mains sombres et de la délicatesse avec laquelle il tenait le petit paquet, enveloppé d'une couverture, qu'était David. Nullement pressé de me remettre l'enfant et de rentrer se coucher, il donnait plutôt l'impression d'hésiter à le quitter.

Après avoir pris David dans mes bras, je m'assis sur le canapé pour écarter la minable couverture qui cachait son visage.

J'avoue que j'ai facilement la larme à l'œil. Les films sentimentaux, les publicités patriotiques et même les cartes de vœux arrivent à me faire craquer. Ce que je vis me fit apprécier les quelques minutes de répit que me donnait Miguel tandis qu'il fouillait dans sa serviette à la recherche de je ne sais quelles paperasses imaginaires.

J'avais déjà eu sous les yeux des enfants victimes de violences, mais je n'avais jamais vu des contusions aussi récentes, infligées de plus à un bébé. Le visage de David était décoloré depuis la lèvre supérieure jusqu'à l'aile du nez. Plusieurs ecchymoses bizarres parsemaient son cou. Sa paupière gauche était enflée et presque fermée. J'ai deviné ce qui s'était passé : quelqu'un l'avait tenu par la nuque, puis avait frappé brutalement son petit visage.

Quand je retrouvai enfin l'usage de la parole, je posai les questions habituelles concernant sa date de naissance et son état de santé, mais il me fallut quelques minutes pour en arriver à ce que je voulais vraiment savoir.

— Qui a fait cela ?

— Il vivait avec cinq adultes et personne ne sait rien, me répondit Miguel. Les voisins ont appelé la police à la suite d'une bagarre. Un policier a entendu les cris du bébé et a demandé à le voir. Nous l'aurions probablement emmené même s'il n'avait pas présenté des contusions, car toute la maisonnée était ivre. Quelqu'un a dû se défouler sur cet enfant — probablement son père. Ce type a un caractère redoutable et un problème d'alcoolisme. Mais si personne ne parle, on pourra difficilement porter plainte. D'autre part, le père est encore mineur. Il a dix-sept ans, et la maman tout juste quinze. À mon avis, le ou la coupable ne tardera pas à déguerpir.

Miguel repartit au bout de cinq minutes, après m'avoir remis la liste des démarches à accomplir. Tout d'abord, demander au médecin de David de lui prendre un rendez-vous à l'hôpital, pour une série de radios du squelette. Ces radios de l'ensemble du corps permettent de déterminer si un enfant a souffert de fractures, car les tout-petits ont une telle résistance qu'ils peuvent se briser un os et guérir sans que personne ne s'en aperçoive. Ils gardent cependant des traces révélatrices, qui apparaissent sur les clichés même des années plus tard.

Je donnai un bain à David, navrée de découvrir, sur son corps menu, d'autres contusions dans toute la gamme des verts et des bleus. Il vida rapidement un biberon et une partie d'un second, avant de sombrer dans le sommeil.

Incapable de me rendormir, je passai le reste de la nuit à trier des chaussettes et à mettre de l'ordre dans mon portefeuille, dans un vain effort pour me calmer et chasser de mon esprit les pensées concernant la famille de David.

David dormit tard le lendemain, ce qui me permit de préparer Bruce et les enfants. Malgré tout, ils restèrent un moment silencieux en voyant le bébé pour la première fois. Le choc fut particulièrement dur pour Angie, qui avait été battue elle aussi.

Dès l'heure d'ouverture de son cabinet, j'appelai le médecin de David et laissai un message à la standardiste. Le Dr Dupont me rappela quelques minutes après.

— Je prévois les radios, mais tout cela me paraît absurde, me dit-il. Les services sociaux n'ont pas intérêt à retirer cet enfant d'une famille biparentale pour le placer en famille d'accueil. Même si l'un de ses parents a perdu les pédales et lui a flanqué quelques taloches, ce n'est pas la fin du monde. Il souffrira sans doute beaucoup plus d'être arraché à sa mère que de certains excès de zèle sur le plan de la discipline.

Assis sur sa chaise haute, David mâchait béatement des céréales et des rondelles de banane. Son œil au beurre noir était devenu du jour au lendemain d'un violet plus sombre. Nos regards se croisèrent et il me sourit de toutes ses dents, malgré sa lèvre tuméfiée. Un délicieux enfant... Des boucles blondes et soyeuses encadraient son visage, qui aurait pu être celui d'un véritable bébé Cadum.

— Quand dois-je l'amener ? demandai-je.

— Vous pouvez l'amener maintenant aux urgences, mais vous risquez d'attendre un moment. Ils ont de vrais malades à recevoir...

Je raccrochai, sur la défensive et quelque peu vexée. Je ne recevais que quinze dollars par jour pour les enfants de la hot line. Avec cette somme, j'achetais moi-même les couches, le lait en poudre, les lingettes et tous les articles nécessaires à un bébé. En plus, je devrais faire appel à une baby-sitter pour la matinée! Mais perdre de l'argent me dérangeait moins que les insultes et que la réaction arrogante du médecin quand je lui avais décrit l'état de David. Cet homme n'était manifestement pas un fan des familles d'accueil, quelles qu'elles soient. Épuisée par le manque de sommeil, j'aurais préféré me passer de cette conversation déplaisante.

Il me fallut près d'une heure pour envoyer les aînés à l'école, trouver une baby-sitter, et partir en laissant l'évier plein de vaisselle sale, ainsi qu'une montagne de linge à laver. Pour couronner le tout, deux des enfants fondirent en larmes en comprenant que je ne les emmènerais pas avec moi.

L'attente pour les radios fut vraiment embarrassante. Les gens regardaient le pauvre David avec perplexité, puis me jetaient des regards noirs. Comment auraient-ils pu se douter que je n'étais pas responsable ? En d'autres temps, j'aurais pu avoir la même réaction.

Quand on vint chercher David, mon soulagement fut de courte durée, car cet enfant avait des antennes étonnamment développées pour son âge. À la vue de l'étranger en blouse blanche venu l'arracher à moi, il se débattit en hurlant. Toute l'attention se braqua sur nous ; une ou deux personnes semblaient déjà prêtes à bondir de leur chaise roulante pour défendre le bébé au cas où je serais tentée de le frapper. Une fois de plus, je regrettai de ne pas porter un tee-shirt avec cette simple inscription : « Ne m'accusez pas, je ne suis qu'une maman d'accueil. »

Les radios furent effectuées en un temps record, et nous prîmes le chemin du retour.

Ma sœur Dawn m'attendait avec une belle collection de messages téléphoniques. Ceux de l'avocat de Tanya et de l'assistante sociale de Danny pouvaient attendre, mais je décidai de recontacter le Dr Dupont illico.

Il bafouilla un moment avant d'entrer dans le vif du sujet.

— Je vous dois des excuses, marmonna-t-il. J'ai passé une nuit difficile et j'ai peut-être été un peu brusque ce matin... En tout cas, l'hôpital vient de me communiquer les résultats des radios. David a cinq côtes cassées, reprit-il après un instant d'hésitation, et son bras présente des fractures ressoudées. Cette histoire dure apparemment depuis des mois. La plupart des fractures se sont bien consolidées. Je n'ai pas vu David souvent, mais c'est un terrible choc pour moi. Bien que ses parents soient très jeunes, je croyais....

Sa phrase resta en suspens. Que pouvait-il dire de plus?

— Avez-vous déjà rempli le certificat de coups et blessures? demandai-je.

— L'hôpital s'en charge. Ils vont certainement vous contacter... David restera-t-il chez vous?

— Je n'en sais rien. J'ai déjà un enfant

en surnombre, mais nous ferons de notre mieux pour le garder.

— Eh bien, merci. Si on le déplace, tenez-moi au courant. J'aimerais continuer à m'occuper de lui, dans la mesure du possible.

Pendant que les autres enfants s'affairaient avec des crayons et du papier, je préparai un biberon pour David. J'ignorais ce que l'avenir lui réservait, mais, en attendant, je pouvais le garder à l'abri et au chaud. Je pouvais l'endormir dans mes bras en lui chantant une berceuse — ce que je fis.

À cet instant, mon rôle de maman d'accueil devint une part intrinsèque de moi-même. Mon intervention pouvait avoir une influence déterminante sur la vie d'un enfant. David n'en saurait rien, mais le simple fait que je l'aie aimé et soigné compterait pour lui. Ce que je faisais avait donc une importance qui m'avait échappé jusque-là.

Mon sentiment d'ambivalence vis-à-vis des services sociaux disparut alors. N'allez pas en déduire que je n'eus plus jamais rien à leur reprocher. Il leur arriva de commettre des bourdes — et même des erreurs catastrophiques. Malgré tout, je sais que nous cherchons tous à rendre la vie de ces enfants meilleure; j'ai la conviction d'être du bon côté.

David ne passa qu'une semaine avec nous. Sa jeune maman, Amber, était à nouveau enceinte, au grand désarroi des services sociaux. Ceux-ci lui firent une proposition. Elle pouvait aller dans une famille d'accueil avec David et bénéficier d'une aide jusqu'au moment où elle serait capable d'assumer ses responsabilités. Mais à une condition : se tenir à distance de Tony, le père de David. Elle accepta et, le lundi suivant, David et elle s'installèrent chez les Miller, l'une des deux familles locales recevant des adolescentes enceintes.

Je fis preuve d'une discrétion admirable — et presque incroyable de ma part — en m'interdisant de prendre des nouvelles de David avant qu'il se soit adapté à sa nouvelle situation. Trois semaines après son départ, je me permis de téléphoner à Pamela Miller.

— David n'est plus ici, m'annonça-t-elle.

— Comment! Où est-il donc?

— Sa mère a changé d'avis. Elle est retournée avec Tony... Comme je ne m'occupe que d'adolescentes enceintes, je n'ai pas pu garder David. Il est chez Lydia depuis la semaine dernière. Je voulais vous contacter, mais vous savez ce que c'est...

Je raccrochai, dépitée. David avait besoin de se fixer quelque part. Une pareille instabilité était dommageable pour lui et risquait d'entraîner toutes sortes de problèmes affectifs. Si seulement j'avais pu le garder chez moi!

J'essayai de suivre sa trace, non sans peine. Je n'avais rencontré Lydia, sa nouvelle maman d'accueil, qu'une seule fois, et il ne me semblait pas souhaitable de l'appeler trop souvent.

Pam Miller me téléphona cinq semaines après l'arrivée de David chez Lydia. Celle-ci lui avait donné des nouvelles du bébé à l'occasion d'une rencontre dans un séminaire de formation. Le tribunal avait ordonné son placement chez la sœur de Tony, laquelle prétendait ignorer les sévices subis par David lorsqu'il était chez ses parents. Je savais que son dossier resterait ouvert et que les services sociaux ainsi que son médecin surveilleraient le bébé de très près. Il me semblait néanmoins que David n'était pas en lieu sûr et que le juge l'avait trahi en préférant le confier à sa propre famille, sous prétexte qu'il serait nécessairement mieux là que dans la meilleure des familles d'accueil. Je ne lui en gardai pas grief trop longtemps, car j'avais parfois tenu le même raisonnement par le passé.

J'entendis parler de la famille de David une dernière fois lorsque Pam Miller m'appela, un beau matin de mai.

— Tu as lu le journal ? me demanda-t-elle de but en blanc.

Non, bien entendu. Il m'arrivait rarement d'y jeter un coup d'œil avant le soir !

— Lis-le et rappelle-moi, reprit Pam. Je ne peux pas te parler pour l'instant.

L'article était quelque peu sommaire, mais j'en savais assez pour combler les blancs. Après avoir perdu la garde de David, Tony et Amber, *très* enceinte, s'étaient installés dans le New Hampshire sans demander leur reste. La justice n'avait pas cherché à les rattraper, d'autant plus que Tony n'avait jamais été condamné, ni même accusé d'un crime.

En avril, Amber accouchait d'un fils, Joshua. Lors d'un petit matin de printemps, Tony piqua à nouveau une crise et battit son bébé à mort.

Je songeai un instant à ne plus accueillir aucun enfant chez moi. La mort de Joshua était la preuve indéniable des carences des services sociaux. Ce bébé n'aurait pas dû mourir. Mais alors, je repensai à David : il garderait toujours enfoui en lui-même le souvenir des soins attentifs que je lui avais prodigués, certes brièvement. Cela ferait peut-être une différence un jour ou l'autre. La pensée que j'avais un rôle à jouer m'aida à surmonter des journées difficiles et des nuits blanches...

Comment aurais-je pu deviner ce qui m'attendait ? Si j'avais pu supposer que des enfants comme Danny et Sara entreraient dans ma vie, j'aurais peut-être pris mes jambes à mon cou. Au contraire, je sautai à pieds joints dans cette nouvelle existence, sans avoir la moindre notion de ce qui m'attendait.

2

Bruce et moi restâmes sur la hot line, mais nous accueillîmes aussi des enfants placés à plus long terme.

Notre secteur était particulièrement en manque de familles disposées à prendre des adolescents. Ayant déjà cinq ados chez moi, je ne souhaitais pas m'investir dans ce domaine.

Les enfants en bas âge représentent une autre catégorie délicate. On considère habituellement les bébés comme une source d'innombrables complications. En plus de l'allocation journalière, les familles d'accueil perçoivent cinquante dollars tous les trois mois pour les vête-ments. Le WIC (un programme d'aide ali-mentaire destiné aux femmes, aux bébés et aux enfants de moins de cinq ans) distribue des bons pour du lait en poudre, mais tout le reste, depuis les couches jusqu'aux articles de soin, est aux frais de la famille d'accueil. Et il faut tant de choses! Linge de toilette, draps pour le berceau, siège auto... D'autre part, on consacre plus de temps aux bébés; les rendez-vous médicaux et les visites à la famille biologique sont généralement plus fréquents que pour les enfants plus âgés. Les biberons nocturnes, les poussées dentaires et les coliques n'ont rien non plus d'une partie de plaisir.

On pourrait donc s'étonner que j'aie tenu si fort à m'occuper d'un bébé. Dieu sait que j'avais déjà du pain sur la planche! Nos cinq enfants grandissaient. Bruce Jr avait dix-huit ans, Nate seize, et Ben près de quatorze. Angie et Neddy étaient devenues de charmantes fillettes de dix et douze ans. Mes années d'expérience me permettaient de recevoir chez moi des enfants plus difficiles, souffrant de sérieux handicaps. Vu les problèmes énormes que je rencontrais parfois avec eux, je suppose que je recherchais l'innocence et l'état d'intégrité relative d'un bébé pour me donner une perspective d'avenir. Je mourais d'envie de tirer à nouveau un enfant du pétrin, mais nous n'avions pas gardé un bébé plus d'un jour ou deux depuis des mois, d'où mon impatience croissante.

Voilà sans doute pourquoi, le jour où une assistante sociale me demanda par téléphone si je pouvais venir chercher au palais de justice de la ville voisine une petite fille de six mois nommée Karen, il me fallut moins d'une heure pour prendre la route avec ma fourgonnette.

Une photo prise chez moi le jour de l'arrivée de Karen montre un petit groupe d'enfants assez hétéroclite, mais étonnamment banal vu les épreuves qu'ils ont traversées. Danny, âgé de huit ans, était déjà chez nous depuis plus d'un an. Pauvre gosse! Sa mère était une victime de la crise hospitalière. Quand les hôpitaux psychiatriques du Massachusetts avaient commencé à fermer leurs lits dans les années quatre-vingt, à cause de la vétusté des locaux, des personnes dont l'état aurait nécessité des soins assez sophistiqués s'étaient retrouvées à la rue. Certaines d'entre elles, souffrant d'arriération mentale, de schizophrénie ou de psychose, étaient tombées sous la dépendance de la drogue. Ce fut le cas de la mère de Dan. Le fait qu'une femme aussi mal en point ait reçu l'autorisation de quitter l'hôpital avec un bébé à sa charge dépasse l'entendement. Mais elle obtint cette autorisation, et ce fut tout de suite un désastre.

Les bébés éprouvent des besoins assez élémentaires. Ils ont faim, ils ont froid, ils se fatiguent, ils s'ennuient, et ils pleurent pour exprimer leur demande. En principe, l'un des parents cherche à combler le manque. Une fois celui-ci satisfait, l'enfant se calme. Il se sent bien, et ses parents de même. Ce cycle se répète jour après jour, sans exiger beaucoup de réflexion de la part des parents. Grâce à ce comportement instinctif, les bébés s'attachent à leurs parents et les parents à leurs bébés.

Évidemment, ce cycle ne débuta jamais

pour Danny. Comment Pearl, qui était incapable de satisfaire ses propres besoins, aurait-elle pu répondre à ceux de son fils? Il hurlait de faim toute la nuit. Quand elle lui donnait un biberon, celui-ci pouvait contenir du lait tourné ou même du sirop. Elle le câlinait, puis le battait. Elle l'injuriait aussi et il passait des heures à pleurer, seul dans une pièce obscure. À un an, Danny avait compris que le monde est un lieu imprévisible et plutôt déplaisant. Il ne pleurait plus et paraissait indifférent à autrui. À trois ans, il avait appris à prendre ce qu'il voulait et à faire du mal avant d'être lui-même agressé.

On imagine sans peine le genre d'hommes qu'attirait sa mère. Dans les meilleures circonstances, les amants de Pearl se contentaient d'ignorer Danny. Mais certains d'entre eux considéraient ce petit garçon frêle et silencieux comme la victime idéale. Incapable de se défendre, il n'avait personne à qui se plaindre des sévices qu'on lui infligeait.

Danny avait finalement été sauvé par

une éducatrice avisée de Head Start, qui refusa d'accepter les excuses de Pearl pour ses brûlures, ses contusions et ses lèvres fendues. Elle appela les services sociaux et, à quatre ans, Danny entreprit un périple mouvementé dans le réseau des familles d'accueil. Par pure malchance, il avait fini par devenir invisible à toutes les personnes qui auraient dû l'aider. Il était mentalement déficient, mais les services spécialisés ne pouvaient pas l'accueillir en raison de ses problèmes psychiatriques. Inversement, les services psychiatriques ne voulaient pas de lui à cause de son retard mental. On se le renvoyait de service en service. La DSS ne l'abandonnait pas, mais elle n'avait aucun projet pour lui; il était le type même d'enfant pour lequel elle obtient les pires résultats. Jamais il ne pourrait rentrer chez lui, mais on ne le considérait pas non plus comme un candidat éventuel à l'adoption.

On peinait même à lui trouver une famille d'accueil. À son arrivée chez nous, il avait déjà été ballotté de l'une à l'autre et il avait acquis la réputation d'être très difficile à placer. Il pouvait se montrer imprévisible, dangereux et, pour comble, il avait des tendances naissantes à la pédophilie. Nous apprîmes à ne jamais, au grand jamais, laisser Danny en compagnie d'un enfant plus jeune.

Nous avions pourtant remporté de francs succès. Danny avait pratiquement fait l'apprentissage de la propreté, même s'il mouillait encore son lit chaque nuit. Il avait pris du poids et semblait beaucoup plus coordonné maintenant que nous lui avions procuré des lunettes adaptées à sa vue. Pourtant, il restait un enfant difficile à aimer et à aider.

Assis à côté de Danny sur la photo, le petit Tyler, âgé de deux ans, contrastait étrangement avec lui. Alors que Danny avait un visage ingrat, des oreilles décollées, des lunettes à verres épais et des dents proéminentes, Tyler semblait sortir d'un livre d'images, avec ses boucles blondes, ses grands yeux bruns et ses fossettes. Seule une énorme ecchymose violette au milieu du front, résultat visible de ses crises de colère quotidiennes, altérait sa beauté. Un quelconque incident les déclenchait plusieurs fois par jour. Après avoir émis un hurlement de sirène, il finissait par se taper la tête contre les surfaces les plus dures qu'il pouvait trouver. Personne ne savait exactement ce qui se passait avec Ty. Était-il ainsi à cause des sévices qu'il avait subis, ou bien sa mère l'avait-elle maltraité parce qu'il était trop coléreux?

Quand Ty jouait avec notre maison de poupées, ce chef-d'œuvre miniature de splendeur victorienne devenait un véritable enfer. Les bébés étaient couramment jetés dans les toilettes ou enfermés dans les placards. Les papas poussaient les mamans dans l'escalier; les mamans hurlaient et renversaient les meubles. Ty vivait dans un monde pour le moins inquiétant.

Entre ses crises, Ty était pourtant un adorable petit bonhomme, qui sembla aller un peu mieux au bout de six mois. Ses crises devenaient plus brèves et moins violentes. Ses parents se donnaient beaucoup de mal : ils lui rendaient visite régulièrement et rencontraient l'assistante sociale chaque semaine. Ty devait rentrer chez lui à Noël, mais la nervosité de ses parents me préoccupait : on aurait dit que leur bonne conduite ne tenait qu'à un fil. Lila, sa maman, venait malencontreusement de tomber enceinte. C'était une petite famille fragile, à qui je souhaitais tout le bien possible ; pourtant, j'avais du mal à me sentir optimiste à son sujet.

L'enfant suivant, sur la photo, était Lucy, une gentille fillette de huit ans, au visage ciselé comme une médaille. Elle ne souffrait pas de problèmes organiques et n'avait pas subi une maltraitance flagrante comme Danny et Ty. On l'avait systématiquement ignorée. Ellen, sa mère, était tombée enceinte à quinze ans. D'abord sous le charme de son bébé, elle s'était vite ennuyée et était devenue indifférente. Elle entraînait Lucy dans ses escapades comme une poupée de chiffon. Lucy allait à l'école épisodiquement et était toujours en retard pour ses vaccins.

Bébé, elle avait été hospitalisée deux fois pour déshydratation et retard de croissance.

Les services sociaux n'avaient pas retiré Lucy à sa mère car la justice n'est pas favorable à une telle mesure quand il s'agit d'une simple négligence. Les juges préfèrent les cas plus évidents de maltraitance. Ellen avait spontanément abandonné sa fille : elle se sentait épuisée, disait-elle, par les soins constants qu'exigeait Lucy, et elle avait besoin d'une pause. Pourquoi une pause ? Ellen ne cuisinait pas et faisait à peine le ménage ou la lessive. Lucy n'avait même pas de lit ; elle dormait sur le canapé et décidait elle-même si elle irait à l'école ou non. J'avais du mal à apprécier Ellen, qui rendait rarement visite à sa fille et ne l'appelait pas bien souvent. Grâce au placement en famille d'accueil, elle pouvait facilement continuer à la négliger.

Lucy n'était guère bavarde ; je dirais même qu'elle était d'une nature profondément silencieuse. Nous avions eu du mal à établir le contact, car elle avait tendance à se méfier des adultes. Pourtant, elle aimait bien Angie et Neddy, qui la faisaient volontiers participer à leurs activités. Bruce appréciait aussi sa compagnie. Lucy était un véritable garçon manqué, ne demandant qu'à aider à la maison ou au jardin.

Sa personnalité s'était affirmée petit à petit. Elle pouvait se montrer très drôle et très affectueuse, mais elle ne brillait pas à l'école malgré ses efforts méritoires. Je la trouvais facile à vivre, et Dieu sait que j'avais besoin de cela pour compenser mes difficultés avec Danny et Tyler.

Le jour de l'arrivée de Karen, je pris plusieurs photos. Tous mes enfants venant de milieux défavorisés, aucun d'eux n'avait l'habitude de se voir en photo. Les appareils photographiques et les pellicules leur semblaient des articles de luxe, et ils étaient enchantés d'avoir la preuve *photographique* qu'ils méritaient attention et amour.

Quand on eut développé les photos de famille, Lucy les observa beaucoup plus longuement que les autres enfants. « Bon, conclut-elle, après avoir passé un doigt sur chacune d'elles, je commence à comprendre. D'abord, ma maman était avec Earl, mais il est allé en prison et ils ont rompu. Ensuite, elle était avec Bob, mais sa femme s'est fâchée, alors ils ont rompu. Ensuite, il y a eu Digger ; comme il la battait tout le temps, ils ont rompu... Maintenant, je pense que ma maman a rompu avec moi, mais je ne sais pas ce que j'ai fait. »

Lucy avait les larmes aux yeux ; cependant, elle n'en versa pas une seule. En aurait-elle été capable ?

Le matin où je me rendis au palais de justice pour chercher Karen, un huissier m'accueillit. Après avoir vérifié que je ne portais pas d'arme, il me fit entrer dans une pièce à peine plus grande qu'un placard, où trônait une grande table. J'assistai alors à une scène étrange. Un couple était assis par terre, dans un coin, avec un beau petit garçon de quatre ou cinq ans. Deux femmes, assises dans un autre coin, câlinaient un bébé, plus jeune apparemment que la fillette de sept mois que je venais chercher. L'une des femmes pleurait silencieusement et l'autre essayait de la réconforter. Un avocat entre deux âges — cheveux argentés, costume trois pièces, cravate élégante, attaché-case — était assis à l'extrémité de la table.

À mon entrée, tout le monde leva les yeux. Quelques sourires hésitants apparurent, mais personne ne m'adressa la parole. Je ne pouvais pourtant pas me contenter de prendre le bébé et de partir ! C'était exactement le genre de situation délicate que l'on n'évoque jamais au cours du programme de formation.

N'y tenant plus, je murmurai :

— Voici Karen, n'est-ce pas ? Je suis Kathy Harrison...

L'homme de loi esquissa un sourire.

— C'est ce que j'avais cru comprendre. Je suis Sam Zdiarski, l'avocat de l'enfant. Sam tout court, car les gens ont du mal à prononcer mon nom de famille. Cette petite beauté est bien Karen.

La porte s'ouvrit et trois personnes entrèrent dans la pièce. Un autre avocat, me sembla-t-il ; Linda, une assistante sociale que j'avais déjà eu l'occasion de rencontrer à la DSS; et une jeune femme d'une grande beauté, malgré son anneau dans le nez et ses cheveux hérissés. Évidemment, la mère de Karen.

Elle s'agenouilla devant le petit garçon pour l'embrasser et quitta aussitôt la pièce, sans un regard pour Karen. Son avocat la suivit, mais Linda resta pour faire les présentations et m'aider à transporter Karen et ses affaires jusqu'à la voiture.

— C'était Bonnie Kincaid, la mère de Karen, comme vous l'avez sans doute deviné, me dit-elle. Et voici Ryan, le grand frère de Karen, avec son oncle et sa tante. Ryan habitera chez eux; vous pourrez discuter ensemble des visites... Il faut absolument que Karen et Ryan continuent à se voir.

Linda s'approcha du bébé et des deux femmes. L'une d'elles, Deb, tira un papier de son sac. C'était un compte rendu détaillé concernant Karen : ses horaires, ses goûts, ainsi qu'une liste des personnes ayant un rapport avec elle. Deb avait noté les numéros de téléphone correspondants et la date des prochains rendez-vous. Un travail de plusieurs heures, dont je lui fus plus que reconnaissante.

— Nous souhaitions la garder, me dit-elle. Oui, vraiment! Mais notre appartement est trop petit, et nous travaillons tous les deux à plein temps. Elle aurait passé ses journées à la crèche.

De toute évidence, Karen avait été bien soignée. Elle était propre et habillée avec goût. Surtout, elle se pelotonnait avec le plus grand naturel contre Deb, sa petite main levée pour toucher sa joue. Quand celle-ci se pencha vers elle, son visage se fendit d'un sourire jusqu'aux oreilles. Karen était une jolie petite fille aux immenses yeux bleus et aux joues roses. Ses cheveux pâles étaient presque invisibles. Je lui tendis les bras; Deb tressaillit. Ayant moi-même eu l'occasion de me séparer d'un bébé que j'aurais aimé garder, je comprenais sa réaction. Je choisis donc de hâter mon départ.

Karen s'endormit pendant le trajet et n'ouvrit même pas l'œil en arrivant à la maison. J'étais enchantée d'avoir un moment de répit. Tyler revenait à deux heures d'une visite à sa famille et les autres enfants ne tarderaient pas à rentrer. Je voulais lire le compte rendu concernant Karen et réfléchir à la manière de l'amener une demi-journée par semaine en visite chez Bonnie, sa maman.

Après avoir perdu sa mère en bas âge, celle-ci avait été élevée par une belle-mère alcoolique et un père souffrant de dépression chronique. Ses sœurs aînées avaient des problèmes de toxicomanie ; elle-même s'était mise à boire et était tombée enceinte à quinze ans. Dix-huit mois après la naissance de Ryan, elle accouchait d'une petite fille qui vivait avec son père ; à dix-neuf ans, elle attendait Karen. Elle s'était abstenue de drogue et d'alcool pendant ses deux premières grossesses, mais avait récidivé peu après. Désireuse de faire mieux avec Karen, elle s'était inscrite à une cure de désintoxication destinée aux femmes enceintes et aux jeunes mères luttant contre la drogue et l'alcool.

Pour la première fois de sa vie, elle s'était sentie en famille. On l'avait beaucoup soutenue pendant toute sa grossesse et on l'avait ensuite aidée à trouver un appartement. Après son installation avec Ryan et Karen, elle avait été suivie régulièrement par une psychologue et une infirmière à domicile. Ce programme lui procurait des moyens de transport et de garde d'enfants, pour qu'elle participe aux réunions des Alcooliques Anonymes et à un groupe de soutien.

Cependant, tout n'alla pas pour le mieux. Sans la structure du centre d'accueil, Bonnie ne tarda pas à craquer. Au bout d'une semaine, elle se sentait déjà déprimée et suicidaire. Karen était toujours malade, et Ryan, qui ne sortait pas assez, devint grincheux et agressif.

La psychologue de Bonnie, très inquiète, lui conseilla de se faire admettre dans le service psychiatrique d'un hôpital, en liaison avec la cure de désintoxication. Ryan alla chez sa tante ; Karen passa une semaine avec Deb et arriva chez moi. Bonnie avait obtenu une autorisation de sortie d'une journée pour assister à l'audience quand la DSS avait pris en charge ses deux enfants.

Le projet, apparemment très simple, était le suivant. Bonnie resterait encore une semaine à l'hôpital, puis regagnerait son appartement. Chacun de ses enfants lui rendrait visite une demi-journée par semaine. Au bout d'un mois, ils passeraient une journée entière avec elle, puis un week-end, avant de revenir pour de bon, en prévoyant une prolongation de placement si Bonnie semblait trop débordée.

D'après les notes de Deb, Karen était une enfant à problèmes. Victime d'une otite chronique qui ne réagissait pas au traitement, elle souffrait et paraissait toujours fiévreuse. Elle pleurait beaucoup et il était difficile de la calmer. Je ne tardai pas à comprendre que j'avais un véritable défi à relever. Chaque soir, après son bain, j'allongeais Karen devant la cheminée et, à la douce lueur du feu, je lui frictionnais les bras et les jambes avec une lotion. Ce massage me permettait de l'endormir, mais elle se réveillait à plusieurs reprises en criant. Je passais souvent la nuit sur une chaise longue à la bercer. Des heures interminables que je n'ai jamais regrettées.

Quand elle n'était pas malade, Karen était un vrai bonheur. Elle souriait, roucoulait et riait aux éclats. Bruce la prenait dans ses bras dès son retour à la maison et il la remettait rarement au lit avant la fin de la soirée. Cela me permettait de me concentrer sur les devoirs de Danny et Lucy, et de faire la lecture à Tyler.

La première visite à Bonnie fut un moment de grande tension. Son appartement était immaculé. Elle se montra tendre et aimante avec sa fille, manifestement sur la défensive avec moi. Je comprenais son attitude. Comment ne pas se sentir très mal à l'aise quand une étrangère vient vous dire comment élever votre enfant? Je devais établir une bonne relation avec Bonnie si je voulais lui être utile. Je gardai donc un profil bas, mais je ne pouvais pas rester indifférente à une chose : le tabac. Bonnie fumait sans cesse. En raison des problèmes de santé de Karen, j'étais quelque peu obsédée par son environnement. Chez nous, personne n'avait l'autorisation de fumer, et j'évitais de l'emmener en des lieux où elle serait exposée à ce risque. Quand je suggérai que la fumée pouvait être toxique pour le bébé, Bonnie se hérissa, mais elle éteignit sa cigarette.

À la fin de la visite, je ramenai Karen chez moi avec un certain soulagement. Je m'étais sentie bizarre en regardant Bonnie s'occuper de sa fille. Je mourais d'envie d'intervenir pour lui montrer comment *je* m'y prenais pour changer ses couches ou préparer ses repas. Mon estomac émettait un petit gargouillis étrange quand elle la berçait. Quel nom donner à un tel sentiment? Avec une certaine réticence, je dus admettre que j'étais jalouse.

La seconde visite fut encore plus pénible. Karen toussait beaucoup depuis plusieurs jours. Elle avait une respiration sifflante et souffrait d'une bronchite. Je m'étais évidemment empressée d'incriminer la fumée respirée chez sa mère. À la suite de cette visite, j'avais passé trois nuits dans une salle de bains embuée avec un bébé qui devait se battre pour respirer, et le reste de la semaine avait été épique.

Nous arrivâmes quelques minutes en avance chez Bonnie. Je sortis Karen, qui se débattait, de sa combinaison matelassée, et la tendis à sa mère. Une cigarette allumée traînait dans un cendrier. Après avoir signalé la bronchite de Karen, je suggérai que la fumée pouvait aggraver sa toux.

— Elle est comme ça depuis sa naissance, rétorqua Bonnie. À mon avis, la fumée n'y est pour rien. Il me semble que je sais mieux que vous ce qui est bon pour ma fille ; vous n'êtes pas sa mère.

« En effet, me dis-je, je ne suis que la femme qui veille sur elle toute la nuit quand elle ne peut pas respirer. » L'attitude de Bonnie m'avait exaspérée, d'autant plus qu'elle était à peine plus âgée que mon fils aîné. J'eus un mal fou à ne pas la prier d'être polie et de suivre mes conseils.

Ce jour-là, je devais aller faire des

courses et laisser Bonnie se débrouiller toute seule avec Karen pendant quelques heures. Juste avant mon départ, une amie de Bonnie arriva avec un petit garçon qui toussait lui aussi, et alluma une cigarette. Elle était toujours là quand je revins chercher Karen. Celle-ci dormait dans un parc, et le petit garçon était seul devant la télévision, tandis que les deux amies bavardaient dans la cuisine en prenant un café. J'avais espéré que Bonnie se consacrerait à son bébé pendant la visite, mais ce n'était manifestement pas le cas. Pas une seule fois elle n'avait changé ses couches (il m'avait suffi de les compter pour m'en apercevoir), et Karen semblait avoir passé toute la matinée dans ce parc. Je la rhabillai, les mains tremblantes, et partis en disant à peine au revoir.

Ce genre d'expérience se produit fréquemment, mais je ne me mets plus en rage aujourd'hui, comme lorsqu'il s'agissait de Bonnie et Karen. À l'époque, j'avais encore à apprendre une leçon essentielle pour les parents d'accueil : il existe des tas de méthodes pour s'occuper d'un enfant et elles ne ressemblent pas toutes à la mienne. Ma méthode n'est pas la seule valable ! Sachant que les couches coûtent cher et que le parc est parfois le seul endroit sans risque d'un appartement, je suis plus tolérante lorsqu'une couche n'est pas changée ou qu'un enfant reste des heures enfermé dans un parc.

À cette visite succéda une autre semaine difficile. Karen se remit à tousser et à respirer avec peine avant même d'arriver à la maison. Il nous fallut passer encore deux nuits dans la salle de bains, et elle eut droit à une deuxième tournée d'antibiotiques.

Le dimanche suivant, j'appelai Bonnie pour lui confirmer la visite du lundi matin. Elle paraissait encore plus maussade que d'habitude. Quand je lui demandai si tout irait bien, elle riposta d'un ton sec : « Évidemment, ça ira, et tâchez de l'habiller joliment ! Je vais la faire prendre en photo. Mettez-lui quelque chose qui fasse bien pour Noël. » Malgré mon envie de raccrocher et de préparer une simple salopette pour le lendemain, je sortis la robe de gala que je venais d'acheter pour Karen, en me promettant d'appeler l'assistante sociale et l'avocat de Karen pour qu'ils s'attaquent au problème du tabac.

Je pris la route sous une bruine grise et glacée. Le vent se leva et la chaussée devint glissante. Deux fois de suite, je faillis rebrousser chemin pour aller boire un thé chaud au coin du feu, et lire un bon roman policier, mais je poursuivis mon chemin. Le temps était censé s'améliorer au cours de la matinée et je ne voulais pas différer ma visite. Le lundi était le seul jour que Tyler passait avec sa mère, et peu de baby-sitters s'accommodaient de ses scènes quand je le faisais garder.

La maison de Bonnie, un agréable duplex dans un quartier convenable, avait un aspect rébarbatif ce jour-là. Tous les stores étaient baissés, et une voiture inconnue stationnait sur le parking.

Après avoir réveillé Karen, je la pris dans mes bras et m'approchai de la porte. D'habitude, Bonnie m'ouvrait immédiatement, car je me débattais avec mon sac à main, un paquet de couches et un bébé encapuchonné. Ce matin-là, la porte resta close. Je frappai plusieurs fois. Des voix d'adultes étouffées me parvinrent de l'intérieur, mais personne ne me répondit. J'entendis aussi une voix plus douce, sans distinguer les mots. Serait-ce la télévision ou la radio ? Je frappai encore et secouai la poignée. En vain...

Le vent mugissait. Au bout de quelques minutes, je finis par regagner ma voiture. Que faire, sinon aller au centre commercial du coin et appeler Bonnie d'un téléphone public ? Était-elle sous sa douche ? En train de se sécher les cheveux ? De passer l'aspirateur ? Évidemment, je n'avais pas de monnaie. Je dus sortir à nouveau Karen de la voiture pour aller en chercher. Le bébé sur un bras, je glissai tant bien que mal une pièce dans l'appareil et obtins, après la première sonnerie, un message pré-enregistré m'annonçant que la ligne de Bonnie était hors service.

Nouvel essai, même réponse. Je réinstallai la malheureuse Karen sur son siège de voiture et repartis chez Bonnie. Elle allait certainement m'ouvrir maintenant.

Je frappai à nouveau sans résultat. Je m'inquiétais réellement.

Je retournai au téléphone public et consultai mon carnet d'adresses pour appeler les bureaux de la DSS. Tout en cherchant à joindre Linda, j'entendis Karen crier dans la voiture.

Linda n'était pas là, évidemment, et je parlai à sa remplaçante. Mon récit ne sembla pas la troubler outre mesure.

— Essayez encore une fois de frapper à la porte, me dit-elle. Si vous n'obtenez pas de réponse, appelez le 911. On peut encore supposer qu'elle est sous sa douche ou quelque chose comme ça. Inutile d'en rajouter !

Karen pesait de plus en plus lourd. J'abandonnai le sac de couches dans la voiture puis la sortis de son siège avant de m'approcher à nouveau de la porte de Bonnie.

Je tambourinai sur le battant. Toujours pas de réponse, mais j'entendais nettement une voix à l'intérieur. Je secouai la poignée. La porte, d'un bois ordinaire, sonnait creux. Je lui décochai un violent coup de pied et la fragile serrure céda. La porte s'ouvrit avec un craquement sinistre sur la salle de séjour enténébrée de Bonnie. La seule lumière de la pièce provenait de l'écran de la télévision, allumée dans un coin : une mémé plantureuse dévorait de baisers le présentateur hilare, en s'extasiant sur son nouveau lave-linge.

Au bout d'un moment, mes yeux commencèrent à accommoder et j'aperçus le corps. Cette femme avait dû s'endormir assise avant de s'effondrer sur le côté. Au moins ce n'était pas Bonnie, car elle avait de longs cheveux bruns.

Je pris une profonde inspiration et effleurai son poignet. Je ne suis pas téméraire, et ce n'était pas une tâche facile, surtout avec Karen sur ma hanche. La main me parut froide et bleutée. Je ne sentis pas le pouls, d'autant plus que mon propre cœur battait à se rompre. Je dus faire le tour du corps pour atteindre le téléphone. Pas de tonalité...

En soupirant, je m'efforçai de mettre de l'ordre dans mes pensées.

Cette jeune femme, à peine sortie de l'enfance, était morte. Bonnie se trouvait probablement dans les parages. Je m'apprêtais à me mettre à sa recherche quand un bruit discret attira mon attention. Dans la pénombre, je distinguai la silhouette d'un petit enfant, entre le mur et le canapé. Le gamin enrhumé de la semaine précédente ! Sa mère gisait sur le canapé. Je n'avais pas encore remarqué le fouillis étalé sur la table basse : des aiguilles, des comprimés et des ampoules de toutes sortes.

L'enfant gémissait et se recroquevillait de plus en plus dans son coin. Il tenait dans ses bras un ours en peluche crasseux.

Je m'adressai à lui :

— Viens par ici, mon chéri. Je vais te donner quelque chose à manger si tu as faim...

— M'man ! Dites à ma maman de se lever ! fit-il d'une petite voix mouillée de larmes.

Il devait avoir à peine deux ans. Je ne voulais surtout pas le brusquer, mais je me trouvais avec deux bébés et au moins un cadavre dans une pièce emplie de drogues. Pas question de m'attarder une seconde de plus, ni de laisser cet enfant tout seul; je devais absolument téléphoner.

Je tirai donc l'enfant par le bras. Son pyjama était trempé et il faisait un froid glacial dehors. En essayant de m'interposer entre le corps de sa mère et lui, j'ôtai mon manteau pour l'enrouler autour de son corps menu; puis je regagnai ma voiture, un bébé sur chaque hanche.

Karen devint folle de rage quand je l'installai à nouveau dans son siège. Il me fallut plusieurs minutes pour l'attacher. J'essayai ensuite de placer une ceinture de sécurité autour de la taille du petit garçon, qui se mit à me griffer le visage et à appeler sa mère à grands cris.

« Dieu, j'ai besoin de Ton aide! » dis-je entre mes dents.

Une petite voiture bleue se gara à cet

instant le long du trottoir. Deb, que j'avais vue au tribunal, venait rendre visite à sa sœur. Aucune de mes prières n'avait été aussi vite exaucée que celle-ci!

Sans même la laisser sortir de sa voiture, je lui racontai mon histoire pour le moins incohérente. Elle fonça immédiatement vers la maison, dont elle ressortit au bout de quelques secondes.

— Rhonda est morte, me confia-t-elle. Bonnie vit encore, mais il nous faut une ambulance. Je vais aller téléphoner chez des voisins... Déplacez les voitures pour libérer le passage.

J'obéis avec joie à ses ordres. Mon esprit avait cessé de fonctionner.

Les heures suivantes s'écoulèrent à toute vitesse. Un policier surgit et me proposa de conduire ma voiture jusqu'au commissariat, pour me permettre de faire une déposition et de rédiger un rapport à l'intention des services sociaux. Il me suggéra aussi d'appeler Bruce, mais je refusai. J'insistai sur le fait que j'allais bien, et que je cherchais simplement un endroit tranquille pour nourrir Karen, la changer, et prendre une tasse de thé. À quoi bon appeler Bruce ? Que ferait-il de plus pour moi ? J'allais parfaitement bien !

Brian, un employé de la DSS, vint me rejoindre et un autre emmena le petit garçon. Je rédigeai mon rapport, puis discutai avec les policiers et les employés des services sociaux. On me conseilla d'éviter les journalistes, et je bus tasse après tasse d'un thé tiède pris au distributeur.

Je me souviens d'une anecdote cocasse. Quand je demandai à un jeune policier l'autorisation de réchauffer le biberon de Karen dans un four à micro-ondes que j'avais aperçu dans la salle de réunion du commissariat, il refusa. Ce four n'était pas destiné à l'usage civil, paraît-il. J'objectai qu'il ne s'agissait pas d'un civil mais d'un bébé de huit mois, qui préférait boire son biberon chaud. C'était l'affaire de quelques secondes. Pourtant, mes prières le laissèrent de marbre. Interdiction d'entrer...

J'ai horreur des conflits, mais un déclic se fit en moi. À bout de nerfs, j'évoquai les nazis... et la presse.

— Après la journée que je viens de passer, il me faut un biberon chaud sur-le-champ, martelé-je pour conclure.

J'entendis alors un petit rire derrière mon dos et un homme bardé de décorations m'adressa la parole en souriant. Vu les circonstances, il acceptait de faire une exception.

Ce fut une victoire de bien courte durée, car lorsque j'eus enfin le droit de rentrer chez moi, un PV jaune vif était glissé sous mon essuie-glace.

Je réussis à garder mon calme le temps de surveiller les devoirs des enfants et de préparer le dîner, et j'attendis que Bruce apparaisse sur le seuil pour m'effondrer, en larmes, et lui raconter cette sombre histoire.

Il me sembla furieux et peut-être légèrement blessé que je me sois passée de son soutien au commissariat — mais, en toute honnêteté, je n'avais pas réalisé avant d'être dans ses bras à quel point j'avais besoin de lui. En outre, il était soucieux. Quand nous avions décidé de devenir une famille d'accueil, aucun de nous n'avait réalisé que notre engagement nous entraînerait si loin.

Ce soir-là, après avoir donné une douzaine de coups de téléphone, je baignai et talquai Karen, puis la couchai dans ses jolis draps roses. Je rangeai sa robe de Noël avant de la bercer doucement devant le feu, jusqu'à ce qu'elle sombre dans un sommeil apaisant. Mais une vision me hantait : les yeux terrifiés du petit garçon, blotti dans un coin, tandis que sa mère gisait sans vie sur le canapé. Dans un murmure, je pris l'engagement solennel de *toujours* protéger Karen.

J'admettais enfin ce que j'avais ressenti dès l'instant où je l'avais tenue dans mes bras. J'éprouvais, certes, de l'affection pour tous les enfants en détresse qui nous étaient adressés, je m'étais même permis d'en aimer certains, mais Karen était différente ; elle était mienne.

3

Je me remis d'autant plus vite du choc éprouvé à la vue d'un cadavre dans la salle de séjour de Bonnie que les vacances approchaient.

Bonnie s'inscrivit à un nouveau programme de désintoxication et le droit de visite fut suspendu un certain temps. Malgré ses problèmes de santé, Karen était un véritable amour. Câline et souriante, elle avait séduit toute la maisonnée. Elle apaisait surtout Danny, qui n'avait jamais fait l'objet d'un amour aussi total et désintéressé. Elle se moquait qu'il sache à peine compter jusqu'à dix, ou qu'il ait du mal à nouer ses lacets et à rester propre. Le visage de Dan s'illuminait dès qu'elle entrait dans la pièce, et il était particulièrement animé en sa présence. Tyler paraissait moins impressionné, car il avait du mal à supporter la concurrence d'un autre enfant. Ses progrès étaient modérés et je regrettais souvent de ne pas pouvoir lui offrir une famille moins nombreuse et une plus grande part de mon temps.

La matinée de Noël fut une formidable avalanche de papier cadeau, d'effusions et de bruit, telle que seules en connaissent les familles nombreuses. Danny et Tyler, qui n'avaient jamais eu l'occasion de vivre cela, eurent une réaction imprévisible. Après s'être éclipsé sous prétexte d'aller chercher un peignoir, Danny échoua dans la salle de bains, où il essaya de dévorer une décoration en pain d'épice ; le fait que celle-ci soit recouverte de cire ne sembla pas le déranger. Tyler n'ouvrit aucun de ses paquets avant d'avoir piqué une crise spectaculaire. Lucy garda son calme habituel ; je suppose que son plaisir devant sa pile de cadeaux fut tempéré par le fait que sa mère n'avait pas tenu sa promesse de l'appeler. Karen ignora ses présents et passa la matinée au milieu du fouillis, à mâchonner des rubans.

Vers dix heures, la pression commença à baisser. Bruce se mit à rassembler les emballages et les aînés allèrent déposer les cadeaux dans les chambres respectives de leurs propriétaires, tandis que je baignais les petits et surveillais la douche de Danny. Le téléphone sonna et je me félicitai que le bain de Karen me donne une excuse pour l'ignorer. J'étais en train de la regarder avec plaisir s'éclabousser dans la baignoire quand Angie me rejoignit.

— Je vais habiller Karen, m'man, me dit-elle. Tu devrais aller dans le séjour et assommer papa.

— Peux-tu m'expliquer pourquoi ?

— La hot line vient d'appeler et il a accepté de prendre un bébé. Ils arrivent...

Je n'ai pas assommé Bruce, mais je me suis interrogée sur sa santé mentale. Nous aurions pu nous débrouiller un jour ou deux en temps normal, mais j'avais une maison pleine à ras bord, et, en raison des fêtes, ce bébé risquait fort de ne pas repartir très vite.

Gracie — nous l'avons ainsi dénommée — avait été abandonnée sur le porche d'une église. Le vieux sacristain avait d'abord supposé que le panier, posé sur les marches, contenait de la nourriture pour le programme d'entraide de l'église. À la vue de la petite fille, il avait immédiatement appelé la police. Quelques minutes après, toutes les chaînes de télévision et les journaux du coin étaient au courant. Rien de tel pour attendrir les cœurs sensibles et faire la une de la presse locale! La DSS avait besoin d'un endroit tranquille où le bébé serait en sûreté pendant que l'on cherchait à retrouver sa famille. Notre maison, sans être en rase campagne comme notre ancienne ferme, faisait parfaitement l'affaire.

On nous amena Gracie juste à temps pour m'empêcher de dîner, mais il me suffit d'un regard à sa ravissante petite frimousse pour oublier la dinde servie dans mon assiette. Je n'avais jamais vu un bébé aussi délicieux! Âgée d'un mois au plus, elle avait d'adorables yeux bleus et une chevelure sombre. Un véritable ange de Noël.

Garder le secret à son sujet ne serait

pas une mince affaire, car on avait beaucoup parlé d'elle et nous recevions parfois des visites. Il ne fallait pas être grand clerc pour deviner qui était Gracie. Les services sociaux ayant exigé une discrétion absolue à son sujet, je fis asseoir les enfants pour leur expliquer la situation. Ils acquiescèrent solennellement et me promirent le secret, mais je ne me faisais guère d'illusions. Comme tous les enfants de leur âge, ils adoraient se faire valoir, et il ne leur faudrait pas plus d'une semaine ou deux pour lâcher le morceau.

J'évitai, autant que possible, d'exposer Gracie aux regards du public, mais trois jours après son arrivée, je dus l'emmener faire un contrôle chez notre pédiatre local. Au retour, je fis halte dans la boutique d'une association caritative pour lui acheter quelques vêtements. La police avait gardé tous ceux qu'elle portait au moment de son abandon, et j'avais très peu d'habits à sa taille.

Une charmante vieille dame irlandaise vint me servir et proposa de prendre

Gracie dans ses bras pendant que j'établissais mon chèque.

— La mignonne! murmura-t-elle. Ça réchauffe le cœur de voir un bébé qui reçoit l'amour et l'attention qu'il mérite. Quand je pense à cette pauvre petite chose, abandonnée comme un sac de pommes de terre, ça me fait frémir!

La « pauvre petite chose » lui ayant adressé un sourire, elle ajouta :

— Je suppose que ce bébé a été confié à l'une de ces horribles familles d'accueil dont on entend parler.

Elle me tendit aimablement mes achats :

— Prenez bien soin de cette petite fille. Elle en a de la chance!

Après cette mésaventure, je craignis beaucoup moins que l'on reconnaisse Gracie quand je l'emmenais avec moi. Je pris toutefois la précaution de ne jamais mentionner le fait que je n'étais pas sa mère biologique.

Mon véritable problème était le manque de temps. En plus de nos cinq enfants, Bruce et moi avions maintenant chez nous deux bébés de moins d'un an; un enfant de trois ans à problèmes; un enfant de six ans attardé et perturbé; et une petite Lucy très déprimée. Le retour de Tyler chez ses parents avait été différé de quelques semaines, je ne pouvais donc pas espérer le moindre répit jusque-là.

Voici comment je m'étais organisée. Je me levais à cinq heures du matin en même temps que Gracie, que je changeais, et qui se rendormait jusqu'à neuf heures après avoir pris son biberon. Karen se levait à six heures. Je la changeais et Bruce lui donnait son biberon, en écoutant les nouvelles avant d'aller travailler. À sept heures, je levais Tyler, lui donnais un bain rapide et l'habillais, puis l'un des aînés préparait son petit déjeuner. Danny se levait ensuite et je surveillais sa douche (hors de ma présence, il risquait de s'ébouillanter ou de renverser tout le shampooing dans le siphon). Il s'habillait pendant que je donnais sa bouillie à Karen. Les garçons se douchaient le matin, les filles le soir; ils préparaient eux-mêmes leur petit déjeuner et débarrassaient ensuite. Une fois tout le monde parti pour l'école, je baignais Gracie et je la nourrissais à nouveau. Entre les bains et les repas, je déposais les draps de Danny dans la machine à laver et j'essayais d'attraper un sandwich au passage. Je ne pouvais prendre ma douche que si les trois plus jeunes enfants faisaient la sieste en même temps.

Les soirées étaient plus faciles. Les filles m'aidaient à m'occuper des bébés et les garçons gardaient un œil sur Tyler et Danny. Chacun participait à la préparation du dîner et à la vaisselle. Tout aurait été pour le mieux si je n'avais pas dû nourrir Gracie à onze heures du soir et deux heures du matin, et si Karen ne s'était pas réveillée à trois heures pour un biberon. Au bout de la première semaine, j'avais le regard vitreux ; à la fin de la seconde j'étais un véritable zombie. Je rêvais d'une nuit de sommeil complète et je souhaitais presque le départ de Gracie. Sa famille ne s'était toujours pas manifestée et son placement ressemblait de plus en plus à un placement à long terme.

Comme je l'avais supposé, la décision se prit sans que j'aie à intervenir.

Les journaux parlaient toujours de Gracie et nous avions recommandé à nouveau aux enfants de ne rien dire si quelqu'un évoquait ce sujet. Néanmoins, je ne fus pas étonnée outre mesure le jour où Angie rentra à la maison avec une enveloppe en papier Kraft bourrée d'articles de la presse locale.

— Qui t'a donné cela? lui demandai-je.

— Mme Douglas pense que ça pourrait t'intéresser.

— Pourquoi?

— Parce que le bébé est chez nous, bien sûr.

— Comment Mme Douglas l'a-t-elle appris?

— C'est peut-être moi qui le lui ai dit. Je croyais que ça te serait égal. Elle est institutrice... Elle ne dira rien à personne.

J'eus pitié d'Angie, qui n'avait pas su garder un secret trop lourd pour elle, et j'appelai l'assistante sociale pour la mettre au courant. Il était trois heures de l'après-midi; à cinq heures, on vint chercher Gracie. La presse ne devait à aucun prix découvrir le bébé. Personne ne connaissant la cause de son abandon, les services sociaux ne voulaient pas courir le risque que quelqu'un se ravise et vienne la récupérer.

Gracie partit et je n'eus pas le droit de savoir où elle allait.

Malgré mon peu d'expérience, j'avais déjà conscience que certaines familles peuvent faire beaucoup de mal. Les Reynold — l'une des premières familles d'accueil de Danny — lui avaient donné un bain d'eau glacée, sous prétexte qu'il mouillait son lit. Après une sortie, ils l'avaient ramené dans le coffre de la voiture parce qu'il avait fait pipi dans sa culotte pendant le trajet. À la suite de ces abus, on les avait rayés de la liste des familles d'accueil, mais d'autres familles redoutables sévissaient dans les parages. Gracie allait-elle échouer chez des gens qui la laisseraient pleurer dans son berceau comme une pauvre malheureuse ?

Malgré mon inquiétude, je dus tirer un trait sur ces pensées au bout de quelques jours. Si je voulais rester saine d'esprit tout en accueillant des enfants, je n'avais pas le choix. Pourtant, je versai quelques larmes en retrouvant l'un des petits chaussons de Gracie sous le canapé, et Angie se sentit navrée, mais nous eûmes droit à un peu plus de sommeil et un peu moins de stress. Quand je fus capable de réfléchir un peu, je me souvins d'un événement survenu l'été précédent, que j'avais comme par hasard oublié.

Quelque part dans notre État, une mère d'accueil était revenue de ses courses avec une flopée de gosses — deux de plus que le nombre autorisé. Tout en déchargeant sa voiture, elle avait demandé à une fillette de onze ans qui lui était confiée de déposer le bébé de cinq mois dans son berceau. Quelques heures après, s'étonnant que le bébé dorme toujours, elle avait été voir ce qui se passait. Le berceau était vide ! Affolée, elle avait fouillé la maison de fond en comble et, une demi-heure plus tard, avait retrouvé l'enfant mort de chaleur sur son siège, dans la voiture fermée.

On l'avait accusée de négligence. Comment peut-on oublier un bébé? Cette femme avait perdu à la fois sa licence d'accueil et sa réputation. Il s'en était fallu de peu qu'elle aille en prison. Les gens, moi comprise, avaient été prompts à commenter et à juger, mais après m'être débattue avec un trop grand nombre d'enfants difficiles, je pouvais entrevoir ce qui s'était passé.

Une maman rentre chez elle, éreintée. Elle a passé un temps fou à faire ses courses et Todd a piqué une colère. Elle a une douzaine de sacs à porter et le téléphone sonne déjà. La maman prie sa petite fille de rentrer le bébé à la maison, comme moi quand je demande à Neddy ou à Ben de se charger de Gracie. La fillette n'entend pas, ou bien oublie. La maman range ses provisions et donne quelques coups de téléphone, ravie que le bébé fasse une bonne sieste. Elle met du linge à sécher et presse six verres de jus de fruits. Quand elle jette un coup d'œil à la pendule, elle s'étonne que bientôt deux heures se soient écoulées. Je devine sa panique quand elle trouve le berceau vide. Elle sait, mais elle ne supporte pas de savoir. En un instant, à la suite d'une décision malencontreuse, sa vie a basculé. Elle ne sera plus jamais la même...

Les travailleurs sociaux ont l'art de nous supplier à genoux de prendre des enfants en surnombre. Ils n'agissent pas ainsi par bêtise ou par malignité. Ce sont généralement de braves gens, chargés d'une mission impossible. Ils doivent trouver des familles d'accueil, mais il y a plus d'enfants que de lits. Un simple problème d'arithmétique.

La solution serait de recruter plus de familles. Or, comment s'y prend-on? Peu de gens sont préparés à recevoir chez eux des enfants traumatisés, et on leur accorde un soutien minimal. Ils ont rarement un instant de répit. Même les gardes d'enfants sont difficiles à trouver pour ces gosses qui font des crises de nerfs et nécessitent une surveillance constante. Les parents craignent leur influence sur leurs propres enfants; ceux-ci risquent de mal supporter cette intrusion dans leur vie. De nombreux élèves, appartenant à des milieux défavorisés, rencontrent de gros problèmes et reçoivent un accueil rien moins que favorable du système scolaire.

Dans ces conditions, comment s'étonner qu'il soit si difficile de trouver des familles prêtes à tenter cette expérience périlleuse? Une famille d'accueil doit savoir des choses que la plupart d'entre nous souhaiteraient oublier. Elle doit admettre que faire le maximum n'est pas toujours suffisant. Elle doit parfois connaître le début d'une histoire difficile et en imaginer simplement la fin. Elle doit accepter d'aimer des enfants qui la quitteront, puis sécher ses larmes pour pouvoir aimer à nouveau.

4

Nous venions juste de nous remettre du départ de Gracie quand Tyler nous quitta lui aussi. J'eus beau faire, l'idée de son retour chez ses parents ne m'inspirait aucun enthousiasme. Au bout de neuf mois chez nous, il avait fort peu progressé. Il pouvait maintenant compter jusqu'à cinq et s'habiller tout seul. Il était capable de se brosser les dents et de ramasser ses cubes, mais s'agissant de son problème majeur — ses tendances autodestructrices — il n'avait vraiment rien appris. Des contusions violettes, qu'il se faisait en se cognant le crâne, marquaient toujours son front. Je savais ce qui les déclenchait et nous parvenions tant bien que mal à éviter ce genre d'occasions; mais, plusieurs fois par semaine, un incident mineur le faisait sortir de ses gonds. Il se laissait alors tomber et se cognait la tête contre le plancher. Rien de ce que j'avais trouvé pour lui — thérapie, médicaments, milieu structuré, patience — n'avait permis à ce pauvre petit garçon d'échapper à son passé traumatisant.

Ses parents aussi m'inquiétaient. Il aurait fallu les aider sérieusement, alors que les services sociaux avaient si peu à leur offrir. Qui serait assez naïf pour croire qu'un cours de puériculture et l'aide d'un conseiller conjugal peuvent modifier la dynamique d'une famille, après des générations de pauvreté, d'inceste, de drogue et de violence? Ce couple aurait eu besoin de temps, de beaucoup de temps, pour parvenir à ancrer ses quelques progrès dans le répertoire de ses comportements. Mais le temps pressait pour Tyler; une année représentait un tiers de sa vie. Tandis que ses parents cherchaient à rattraper le temps perdu, le bambin qu'il était atteignait l'âge préscolaire. Il avait de nouveaux copains et se forgeait de nouveaux attachements. Il devait rentrer chez lui, maintenant ou jamais. Qu'y pouvait-il si ses parents n'étaient pas prêts?

J'étais d'autant plus désolée que Lila, sa mère, était vraiment désireuse de changer. Elle aurait tellement souhaité une vie de famille normale! Quand elle venait chercher Tyler chez moi, il lui arrivait de promener son regard autour d'elle avec une envie qui faisait peine à voir. Elle observait mon mari affectueux, mes gentils enfants, mes photos de fêtes familiales et de sports d'hiver, en se disant qu'elle n'aurait jamais accès à un tel univers. Pour un peu, je lui aurais demandé si elle pensait que le séjour de son fils en famille d'accueil lui semblait un bienfait ou une duperie.

Mes soucis au sujet de Tyler m'amenèrent à penser, pour la première fois, que le système d'accueil n'offre que l'illusion d'une aide aux familles concernées. Une mère d'accueil en est réduite à panser les bobos d'enfants et de familles qui auraient besoin de soins intensifs. En ce temps-là, je m'imaginais, à chaque déconvenue, qu'il s'agissait d'un malen-contreux hasard et que j'aurais plus de chance au coup suivant ; ce serait rare-ment le cas.

Après le départ de Tyler, j'éprouvai une sorte de soulagement égoïste. Cet enfant me coûtait cher en temps et en énergie. Chacune de ses crises mettait tout en sus-pens, aux dépens des autres. Lucy, Dan et Karen, qui avaient une telle demande, devaient se satisfaire des restes. Je fis donc de grands projets. Après le départ de Tyler, je consacrerais plus de temps aux études de Lucy ; je trouverais moyen d'améliorer la sociabilité défaillante de Danny ; et je me pencherais sur la terrible angoisse de séparation de Karen.

J'avais tout prévu, sauf Sara.

Mon incapacité à dire non ou à admettre mes limites avait un côté patho-logique. Lorsque Susan, l'assistante sociale chargée du placement de Sara, me parla d'elle, je songeai d'abord à refuser. Une fillette qui avait été torturée et sou-mise à des violences sexuelles par tous les adultes qu'elle avait côtoyés, voilà qui outrepassait quelque peu mes possibilités, surtout compte tenu des problèmes de Dan. C'était une gamine de six ans, coupable d'intrusion par effraction, intenable à la maison et à l'école, et trois fois hospitalisée pour retard de croissance. Non merci !

Mais le « non » se perdit quelque part entre mon cerveau et ma bouche. Mon sentiment initial de crainte se mua en excitation, ma colère se métamorphosa en espoir, et mon refus programmé fit tout naturellement place à un :

— Bien sûr, aucun problème ! Quand arrive-t-elle ?

— Tu dois être maso ! s'exclama Susan en pouffant. Nora Roberts, ma collègue, te l'amènera d'ici une heure.

L'instant où je vis Sara pour la première fois restera toujours gravé dans ma mémoire. Elle se tenait debout contre la porte de la cuisine. Très petite pour son âge, elle était non seulement mince mais menue, avec une masse de cheveux emmêlés et sales, d'une couleur indéfinissable, entre le blond et le châtain. Elle avait des yeux extraordinaires — d'un brun fauve, moucheté de vert — et portait une robe trop grande, un pull étriqué. Malgré le froid glacial de février, elle n'avait ni manteau, ni bottes, ni gants. Ses collants noirs étaient criblés de trous et ses orteils apparaissaient à travers ses baskets. L'image même d'une enfant abandonnée.

Il y avait je ne sais quoi de sauvage et de digne en même temps dans son attitude quand elle refusa de me regarder, alors que je m'étais agenouillée face à elle.

— Bonjour Sara, lui dis-je. Je suis contente de t'accueillir chez moi. Quand nous aurons dit au revoir à Nora, je te montrerai ta chambre.

Sara tourna la tête pour éviter mon regard et s'éloigna d'un air décidé. Après avoir traversé la pièce, elle alla se glisser dans l'espace exigu entre le mur et un meuble en angle. Puis elle tira ses genoux vers son menton, sa robe sur ses pieds, et son pull par-dessus sa tête.

Mon estomac se serra un instant.

Qu'allais-je faire si elle refusait de bouger? Elle était si calme et silencieuse qu'elle me semblait capable de rester éternellement accroupie ainsi.

Nora avait déjà déposé le frère et la sœur aînés de Sara dans leurs familles d'accueil respectives. Elle semblait lasse et peu désireuse de s'atteler à ce nouveau problème.

Je lui suggérai de dire au revoir à la fillette, qui se sentirait peut-être plus à l'aise si nous restions entre nous.

— Ça ne t'ennuie pas? fit-elle. Je dois assister à une visite dans une dizaine de minutes et je n'ai pas encore déjeuné. Es-tu sûre de t'en tirer?

Un coup d'œil à Sara, figée comme une statue de pierre, me laissa perplexe, mais je n'en laissai rien paraître.

— Après tout, elle n'a que six ans, marmonnai-je. Et je pèse cinquante kilos de plus qu'elle!

— Adieu, Sara, dit alors Nora. J'essaierai d'organiser une visite de ta maman la semaine prochaine. Sois bien sage!

L'assistante sociale articula un « Bonne

chance » muet à mon intention, et disparut.

J'aurais apprécié que Nora n'évoque pas l'éventualité d'une visite. Tous les enfants dont je m'occupe souffrent de promesses non tenues. Les visites sont des projets pour le moins aléatoires. Les parents restent souvent invisibles et nous nous exposons à des crises quand ils font défection. Je préfère mille fois que mes enfants aient la bonne surprise d'une visite imprévue plutôt que la déception d'une visite annulée.

Le moment était venu de m'approcher de Sara. Karen dormait et la maison était calme. Je voulais apprivoiser cette petite, la rassurer, lui faire comprendre qu'elle était en lieu sûr et que tout irait mieux. D'autre part, j'avais hâte de lui laver les cheveux — de crainte qu'elle ait des poux — et de la baigner. Mais il fallait d'abord la nourrir. J'ai toujours soutenu que la préparation de repas à toute heure était une qualité essentielle pour être une bonne maman d'accueil.

Je me suis affairée dans la cuisine tout en monologuant allègrement.

— Prenons un petit casse-croûte avant de faire le tour de la maison! J'ai des galettes d'avoine, ou bien du fromage et des crackers. Aimes-tu les raisins secs? Moi, je ne les aime que dans les galettes d'avoine. Lucy m'a aidée à faire celles-ci. Lucy a huit ans. Vous dormirez dans la même chambre; elle est très gentille. Préfères-tu un jus de pomme ou du lait?

Je ne m'attendais pas vraiment à obtenir une réponse, mais j'espérais qu'elle lèverait au moins les yeux. Je n'avais jamais vu un enfant aussi impassible.

Lucy et Dan, de retour après l'école, mirent fin à mon monologue. Ils passèrent quelques minutes à se débarrasser de leur parka et à vider leur sac à dos, après quoi Dan fut le premier à remarquer Sara.

— Il y a une petite fille dans un coin, m'annonça-t-il.

Son élocution restait très lente et manquait d'affect. Il aurait pu me signaler sur le même ton la présence d'un gant oublié.

— Effectivement, Dan, répliquai-je. Voici Sara, qui va rester avec nous. Lucy, Sara partagera ta chambre. Après ton goûter, pourrais-tu lui montrer l'endroit où elle va ranger ses vêtements et ses affaires?

— J'ai pas apporté de vêtements et j'vais pas rester ici...

Une hallucination? La tête sous son pull, Sara me parlait d'une voix étouffée.

— Très bien. J'ai des vêtements qui pourront t'aller en attendant de faire des achats pour toi. Quelle est ta couleur préférée?

Sara ne répondit pas, mais elle tira son pull sur ses genoux. Je me comportai comme si la présence d'une petite fille recroquevillée sur elle-même dans un coin de ma cuisine n'avait rien d'inhabituel pour moi.

— Veux-tu des galettes et du lait? repris-je. Dépêche-toi, sinon il n'en restera plus.

Toujours sans répondre, Sara sortit lentement de son recoin, puis elle s'approcha avec précaution de la place, à côté de

Lucy, où j'avais posé ses galettes. Comme elle se préparait à battre en retraite, après en avoir pris une poignée, j'intervins.

— Pas si vite, mon chou. Si tu veux manger, tu t'assieds à table.

Tout en évitant de la bloquer, je plaçai ma main sur son bras. Ce simple geste la fit tressaillir, ce qui en disait long sur sa vie passée.

— Personne ne te fera de mal, lui expliquai-je calmement. Nous observons certaines règles ici ; la plus importante est que tout le monde doit se sentir en sécurité dans cette maison. Tu n'as pas le droit de te faire du mal à toi-même ou d'en faire à quelqu'un d'autre, et personne ne t'en fera. Une autre règle est que nous prenons les repas à table. Veux-tu t'asseoir maintenant ou attendre jusqu'au dîner pour faire un nouvel essai ?

Cette pauvre Sara n'avait aucune envie de se joindre aux autres enfants, mais l'idée de renoncer aux galettes lui était insupportable. Son estomac vide lui dicta sa conduite.

— Bon, dit-elle, je m'assieds à cette foutue table.

Effondrée sur un siège, elle enfourna une galette dans sa bouche. Quelle gamine! Un juron lui avait permis de sauver la face tout en parvenant à ses fins.

Les autres enfants revinrent à la maison. Un silence se fit soudain dans le brouhaha général quand ils l'aperçurent. Comment aurais-je pu les en blâmer? Ils avaient l'habitude de voir des gosses assez négligés autour de notre table, mais Sara était vraiment hors normes, même pour eux.

Ben, le plus tendre et le plus affectueux du groupe, prit la parole le premier.

— Qui avons-nous ici? Une nouvelle reine de beauté?

Il croyait être drôle et n'avait nullement l'intention d'insulter Sara, mais celle-ci prit très mal la remarque. Furieuse, elle croisa les bras et serra les mâchoires. Une lueur hostile brillait dans ses yeux verts.

Par bonheur, Neddy comprit son désarroi et calma le jeu.

— On ne t'a pas encore montré ta

chambre? demanda-t-elle à Sara. Alors, viens! Si tu aimes les New Kids, je te donnerai une affiche à coller sur ton mur.

Comme toutes les fillettes de son âge, Sara ne put résister aux attentions d'une adolescente. Après avoir jeté un regard méprisant à Ben, elle s'éloigna, le nez en l'air.

— Qu'en dites-vous? demandai-je à la ronde. Elle est mignonne, non?

— On en reparlera quand tu lui auras donné un bain, grommela Nathan. Qu'est-ce qui est arrivé à ses cheveux? On dirait un enfant-loup.

— Ne sois pas mesquin!

J'expliquai que Sara avait eu une vie très dure et que l'hygiène n'était sans doute pas une priorité pour elle.

— Ça ne m'étonne pas, conclut Nathan. Elle sent mauvais...

Il disait vrai, mais j'avais espéré que les plus jeunes enfants ne s'en apercevraient pas. Lucy saurait tenir sa langue, certainement pas Danny; et Sara, malgré sa petite taille, risquait de jouer des poings si quelqu'un la provoquait. La brutalité était l'un des comportements que Bruce tolérait le moins.

J'ai envoyé Angie s'occuper de Karen tandis que je partais à la recherche de vêtements dans les cartons du grenier, en me demandant comment expliquer à Bruce la présence de Sara. La plupart du temps, je décidais moi-même du choix des enfants, puisque j'étais à la maison et Bruce à l'extérieur, mais nous avions un consensus sur ce que nous souhaitions. Nous étions une famille et non un hôpital psychiatrique, et nous n'avions nullement l'intention que cela change. Beaucoup d'enfants souffrent de tels problèmes que l'hôpital ou un placement en foyer est le seul moyen d'assurer leur sécurité. Dan étant « borderline », il allait bien sous surveillance, mais nous nous sentions tous épuisés par dix-huit mois de ce niveau de soins. Le moment approchait à grands pas où sa demande excéderait nos moyens, et nous n'avions vraiment pas besoin d'accueillir un autre enfant aussi difficile.

Je voulais au moins laver Sara et

l'habiller de vêtements propres avant de la présenter comme un fait accompli à mon mari.

Dans le grenier, j'eus la chance de retrouver les cartons de vêtements d'Angie quand elle était petite. Notre première fille, après trois garçons, avait reçu une montagne de robes, de chemises de nuit et de jolis rubans pour les cheveux; nous avions tout gardé.

— Sara, criai-je en descendant l'escalier, viens voir!

Je renversai le contenu d'un grand carton sur le lit destiné à Sara, en espérant l'attirer; mais elle ne se laissa pas tenter. Après avoir palpé un instant les plis d'une jolie robe en velours vert, portée par Angie à son premier Noël, elle la laissa retomber sur le lit.

— C'est pas des affaires à moi. J'en veux pas! Je veux *mes* affaires.

Elle n'avait pas entièrement tort. Toutes les familles d'accueil ont à leur disposition un stock de vêtements. Une appréciable économie de temps et d'argent! Notre indemnité de cinquante dollars par enfant et par trimestre nous permet tout juste d'acheter les chaussettes, les sous-vêtements et les pyjamas ; le reste est de notre poche. Bruce gagnait bien sa vie, mais les fins de mois auraient été difficiles si j'avais acheté du neuf à chaque nouvel arrivant, au lieu d'utiliser ce que j'avais sous la main. La plupart des enfants ne s'en formalisaient pas, mais Sara était différente.

— Je te comprends, Sara, lui dis-je. À ta place, j'aimerais aussi avoir mes vêtements personnels ; mais, pour l'instant, tu devras te contenter de ce que nous avons ici. Ces salopettes sont jolies. Veux-tu en essayer une ?

— Il y a un homme dans cette maison ? fit Sara en ignorant ma question.

— Un homme ? Tu veux dire un mari, un papa ?

Hochement de tête de Sara.

— Bien sûr, il y a Bruce, et il est très gentil.

— Il habite ici ?

Les enfants que j'accueille chez moi ont généralement l'expérience d'hommes de passage — une expérience très rarement positive. Ces personnages, plus ou moins déplaisants, disparaissent et d'autres leur succèdent. La question de Sara était non seulement légitime mais parfaitement cohérente avec son univers.

— Il habite ici, Sara. Nous vivons ensemble depuis très, très longtemps. Il est le papa de Bruce, Ben, Nathan, Neddy et Angie. Nous resterons ensemble jusqu'à la fin de nos jours. Quand tu le connaîtras, je pense que tu l'apprécieras. Tu seras contente qu'il soit ici.

— Je ne l'aimerai pas, je voudrais qu'il soit mort.

Les paroles de Sara, prononcées avec une froide assurance, me glacèrent.

Karen rampait dans la pièce, examinant des jouets et des chaussures habituellement hors de sa portée. Je la pris dans mes bras et respirai sa douce odeur de bébé, tout en caressant ses boucles d'or. J'éprouvais un besoin irrépressible de la serrer contre moi et de la sentir en sécurité, au moins à cet instant.

— Allons, Sara, nous allons bientôt

dîner et tu dois prendre un bain. Veux-tu choisir des vêtements ou me laisser décider à ta place?

— Je peux choisir toute seule; j'suis plus un bébé! Et j'veux pas prendre de bain ici.

Après avoir parlementé un moment, nous tombâmes d'accord sur un trousseau acceptable, chaussettes, culottes et baskets comprises. Je préparai ensuite tout le nécessaire pour un bain assez spectaculaire : mousse à la lavande, serviette éponge moelleuse, shampooing, et même un peu de ma précieuse lotion anglaise pour le corps. Sara me regardait emplir la baignoire, les yeux écarquillés.

— Viens, mon chou. Je vais t'aider à enlever ta robe...

Le coup de pied de Sara m'atteignit par surprise. Je me félicitai qu'elle soit pieds nus et qu'elle ne pèse pas plus lourd, car elle m'avait heurtée à un point sensible, exactement au-dessous du genou.

— J't'ai dit que je prendrais pas d'bain!

Sara pivota sur elle-même et s'échappa de la salle de bains, en direction de la porte de la cuisine. Au lieu de la petite fille impeccable que je voulais lui présenter, Bruce aperçut une gamine crasseuse, fonçant comme une furie vers une destination inconnue.

Il parvint à la retenir par la taille, de peur qu'elle ne s'échappe pour de bon. Sara hurlait, Bruce se démenait pour la bloquer, et tous les enfants accoururent par curiosité. Mauvais début!

Mon mari, excédé, haussa à peine un sourcil en me ramenant Sara sans cérémonie. Il se versa une tasse de café et se retira dans son bureau.

— Bien! m'écriai-je avec ce que mes enfants appelaient ma voix de jugement dernier. Je veux une demi-heure de tranquillité absolue. Vous comprenez? Gare à celui qui m'approchera entre-temps! Il sera de corvée de vaisselle une semaine entière. Maintenant, filez. Et toi, Sara, tu viens prendre ton bain.

Tout le monde disparut (chez nous, la vaisselle n'était pas une mince affaire) et je traînai Sara dans la salle de bains. Je l'aidai à retirer son pull et sa robe, puis elle hésita à enlever son collant. Elle ne portait ni maillot de corps, ni culotte. Je m'étonnai une fois de plus que tous les enfants n'aient pas droit à des sous-vêtements et des chaussures corrects. Avant d'accueillir des enfants chez moi, je n'avais jamais songé non plus que tout le monde ne possède pas une brosse à dents.

— Je veux bien m'habiller, m'annonça-t-elle, mais j'ai pas besoin d'un bain... Je serai gentille et je te donnerai plus de coups de pied. Demain, je prendrai peut-être un bain.

Sara recula vers le mur, le plus loin possible. Elle semblait si vulnérable. Ses bras et ses jambes étaient criblés de bleus plus ou moins anciens; l'un d'eux, plus récent, marquait sa cuisse. À un autre enfant, j'aurais peut-être demandé ce qui lui était arrivé, mais j'évitai d'interroger Sara.

Avec *mes* enfants, je me fie couramment à mon instinct. Ce qui marche avec les uns ne convient pas toujours aux autres. J'avais l'impression que Sara ne supporterait pas un affrontement direct, et qu'elle ne pourrait tolérer qu'un minimum d'autorité.

— Je vais te donner la main, lui dis-je. Tu tremperas tes doigts dans l'eau et tu me diras si ça te va. Elle ne me paraît pas trop chaude. Qu'en penses-tu?

Sara me laissa la mener très lentement jusqu'à la baignoire. Elle me tint même la main et fit glisser avec précaution ses doigts à travers les bulles et la mousse recouvrant la surface de l'eau.

— Je crois que ça va...

— Tu veux commencer par le pied droit ou le gauche?

Sans rien dire, elle leva un pied au-dessus du bord de la baignoire, et mit ensuite l'autre dans l'eau en me tenant des deux mains.

— Je vois que tu te donnes beaucoup de mal, observai-je. Et maintenant, veux-tu t'asseoir?

Sara s'assit et je pus la baigner, comme on baignerait une pierre. Elle me faisait penser à une biche, prise au piège entre les phares d'une voiture et figée sur place.

Je savonnai avec une grande douceur

ses membres décharnés. Sara se détendit petit à petit, au moins jusqu'au moment où je voulus lui laver les cheveux. Une nouvelle vague de protestations s'éleva alors, mais elle accepta mon intervention stoïquement, sinon avec plaisir. Quand je lui mis un peu de lotion sur les bras, elle exigea de se frictionner elle-même. Je parvins à démêler presque totalement ses beaux cheveux pendant qu'elle était dans la baignoire, et il ne me resta plus qu'à les brosser, les natter et les nouer avec de jolis rubans roses, après l'avoir sortie du bain. À la fin, elle me parut adorable et elle se pavana longuement devant le miroir pour s'admirer sous toutes les coutures.

J'attendis, pour l'amener dans le salon, que les plus jeunes enfants aient rejoint Bruce. Angie était perchée sur l'accoudoir de son fauteuil, Dan assis à ses pieds. Lucy s'était approchée de lui au maximum, sans toutefois le toucher. Le visage rayonnant, elle lui montrait son dernier livre d'ornithologie. Bruce adore observer les oiseaux; un lien s'était créé entre eux par ce biais. Selon son habitude, Karen se pelotonnait dans les bras de mon mari.

Celui-ci fit semblant d'avoir oublié sa précédente rencontre avec Sara.

— Bonjour, Sara, lança-t-il. Je suis très content de faire ta connaissance. Il paraît que tu partages une chambre avec Lucy. J'espère que tu aimes les oiseaux...

Sara marcha d'un pas léger jusqu'à Bruce, passa la main sur son jean au niveau de la cuisse, et fit la moue.

— J'ai pris un bain et Kathy m'a donné une nouvelle culotte.

Bruce resta un moment sans voix et repoussa sa main.

— Je n'aime pas ce geste, dit-il d'un ton sec, et je ne m'intéresse pas à tes sous-vêtements.

Sara, écarlate, jeta un regard mauvais à Karen.

— Petite lèche-cul, marmonna-t-elle.

Le dîner fut une autre affaire. L'appétit de Sara rivalisait avec celui de Danny. Elle dévora deux assiettes emplies à ras bord et engloutit trois verres de lait avant de se modérer. Entre deux bouchées, elle répondait aux questions par monosyllabes, mais elle ne dit pas un mot à propos de sa famille. Les autres enfants, lassés par sa réserve, finirent par l'ignorer, ce qui sembla lui convenir à merveille.

Le soir, je devais toujours m'affairer dans la maison. La vaisselle, le travail scolaire, les bains signifiaient que chacun des enfants était livré à lui-même à un moment ou un autre. Bruce s'était lancé dans un nouveau projet — la rénovation de la salle de bains du premier étage. Alors qu'Angie et Lucy jouaient avec Karen, j'eus soudain l'impression de ne pas avoir entendu Sara et Dan depuis un moment. Je les surpris au premier étage dans une situation plus qu'équivoque : tout habillés, ils simulaient parfaitement des relations sexuelles.

À mon grand regret, je ne réagis pas avec un maximum de sérénité. J'étais furieuse. Furieuse contre moi-même, et bouleversée de ne pas avoir réalisé que Dan et Sara, étant donné leurs antécédents, me poseraient un problème.

— Dan, lançai-je d'un ton rogue, file

dans ta chambre, mets ton pyjama et couche-toi. Tu sais bien que tu ne dois pas jouer à ce jeu-là et que tu n'as rien à faire dans la chambre des filles! Et toi, Sara, prépare-toi aussi à aller au lit. Je ne suis pas contente et je viendrai te parler plus tard.

J'allai la rejoindre après avoir aidé Lucy à faire ses maths. J'avais retrouvé mon sang-froid et je voulais avoir une conversation avec elle. L'envoyer au lit avant l'heure n'était certainement pas la meilleure manière de célébrer son arrivée chez nous.

J'eus la surprise de la trouver déjà couchée, mais les yeux grands ouverts et fixés au plafond.

— Ma chérie, tu n'arrives pas à dormir? lui demandai-je.

— Je rentre quand à la maison?

— Je ne sais pas comment répondre à ta question, Sara. Beaucoup de gens se font du souci à ton sujet. La psychologue, l'assistante sociale, ton avocat... Ils veulent s'assurer que tu ne seras pas en danger quand tu rentreras chez toi.

— Pourquoi je suis ici?

— À ton avis?

— Parce que j'ai dit à Sandra ce que Bob m'a fait.

— Sandra est ta psychothérapeute?

— Hum... Je croyais qu'elle allait le dire à personne. C'était un secret. Je lui aurais rien dit si j'avais su qu'elle allait tout raconter.

— Elle n'avait pas le choix, Sara. Quand elle l'a su, elle était obligée d'en parler. Il y a des secrets qu'on ne peut pas garder...

— Tu sais ce qu'il m'a fait?

— On ne m'a rien dit. Veux-tu m'en parler?

— Je peux pas si tu me regardes.

— Tu as peur que je te prenne pour une vilaine fille?

Sara acquiesça d'un signe de tête.

— Sara, beaucoup de petites filles m'ont raconté ce genre de choses. Je n'ai jamais pensé qu'elles étaient vilaines, ni que c'était de leur faute.

— C'est Bob, murmura Sara, après un

silence. Tu sais, il me demande quelquefois de le toucher... en bas. Et il aime bien me la mettre...

Elle tapota l'édredon. Un édredon blanc, brodé de petits lapins et de canetons.

— Il paraît que c'est comme ça que les gens se disent qu'ils s'aiment. Bob dit que si je pose ma bouche dessus, c'est comme un baiser spécial. Je n'aime pas ces baisers-là.

Je refoulai mes larmes, car si je craquais, Sara risquait de ne plus jamais se confier à moi. Je ne devais surtout pas lui donner l'impression qu'elle devait me ménager! Après s'être comportée si longtemps comme une adulte, elle avait le droit de pleurer à son tour.

— Bob a menti, Sara. Ces attouchements, lui expliquai-je, sont réservés aux adultes, et seulement s'ils sont d'accord. Il t'a obligée à lui obéir... Chez nous, les adultes ne touchent pas les enfants de cette manière et les enfants ne touchent pas les grandes personnes. Chez nous, tout le monde est en sécurité.

— Pourquoi tu m'as fait prendre un bain ?

— Tout le monde prend son bain. Je n'avais pas l'intention de te faire peur.

— Bob aime bien jouer avec moi dans la baignoire. Il joue à m'enfoncer la tête sous l'eau... Il la tient sous l'eau et je ne peux plus respirer. Je voudrais crier, mais c'est impossible... Il me laisse relever la tête pour prendre un peu d'air et il recommence tout de suite après. Ce jeu le fait bien rire...

— En as-tu parlé à ta maman ? Sait-elle ce qu'il te fait ?

— Je lui en ai parlé et Bob a dit que je mentais. C'est lui qu'elle a cru et pas moi. Quand je serai grande, je le tuerai.

Je préférai ne pas rapporter immédiatement à Bruce les confidences de Sara. N'allait-il pas juger cette expérience au-dessus de mes forces et m'inciter à renoncer ?

Ce soir-là, j'eus beaucoup de mal à m'endormir. Je me demandais, comme cela m'arrive encore parfois aujourd'hui, pour qui je me prenais. Oui, pour qui me prenais-je, moi qui osais tenter l'impossible et essayer de redonner une enfance à une fillette comme Sara ?

5

Je tins les enfants, et notamment Sara, à l'œil pendant les jours suivants. Mes observations ont confirmé un sentiment initial que je n'avais jamais pu traduire en mots : les enfants issus de familles comme la sienne ou celle de Danny sont *fondamentalement* différents. On peut les considérer comme des étrangers, implantés dans un monde où ils ne peuvent ni se nourrir ni étancher leur soif. L'air qu'ils respirent les étouffe. Désireux de survivre, ils tentent de s'adapter à un environnement qui ne leur était pas destiné, mais il est parfois trop tard... Malgré leur bonne volonté la plus sincère, leur aptitude à profiter de ce qu'on leur offre est souvent compromise.

Cette remarque peut sembler cynique

et désespérée, et la réalité n'est pas toujours aussi triste. J'ai assisté à suffisamment de miracles dans ce domaine pour garder espoir, mais l'avenir se présente fréquemment sous un jour bien sombre.

C'était le cas pour Sara. À la voir dans sa robe chasuble écossaise, avec ses cheveux enrubannés et le grand vide laissé par une dent de lait manquante, on avait tendance à oublier à quel point elle était abîmée par ce qu'elle avait subi.

À l'époque, j'aurais éprouvé un certain soulagement si j'avais pu montrer du doigt et haïr le responsable. Les candidats ne manquaient pas. Il y avait le père de Sara, une vague silhouette qui ne lui inspirait aucun commentaire, sinon qu'elle souhaitait sa mort. Bob, qui s'amusait à lui plonger la tête sous l'eau. Sa mère, enfin, qui préférait systématiquement ses partenaires masculins à sa progéniture. Elle vivait toujours avec Bob, alors qu'un séjour en foyer d'accueil lui aurait permis de garder ses enfants auprès d'elle.

Mais je connaissais la maman de Lucy, ainsi que celles de Dan, Karen, Angie,

Neddy et Tyler. Je savais que, derrière l'apparence du mal à l'état pur, peut se cacher une autre histoire. Ces femmes avaient été, jadis, des enfants en péril, que personne n'avait secourus. Il n'était pas si facile de les haïr...

Je n'étais ni assistante sociale, ni médiatrice familiale, ni psychologue, ni médecin, mais vu ma situation, je devais jouer en partie chacun de ces rôles. Mal préparée à tant de responsabilités qui m'incombaient par la force des choses, je me débrouillais tant bien que mal en me fiant surtout à mon instinct.

Avec Sara, j'eus une chance inouïe. À son arrivée chez moi, elle était déjà suivie par une excellente psychothérapeute. Ce fut une bénédiction de savoir que celle-ci me rappellerait chaque fois que j'aurais cherché à la joindre, et qu'elle ne manquerait jamais de me fournir l'information dont j'avais besoin. Les assistantes sociales connaissent leurs dossiers, mais les thérapeutes connaissent leurs enfants, et je leur fais de plus en plus confiance quand je me sens dépassée.

Or, je ne m'étais jamais sentie aussi dépassée qu'avec Sara. Quand je lui avais annoncé une prochaine visite à sa mère et son frère, je n'avais su comment interpréter sa réaction. Elle m'avait semblé plutôt sur ses gardes et, bien qu'elle m'ait parfois demandé quand elle rentrerait chez elle, sa famille ne semblait pas lui manquer.

En règle générale, je ne tiens pas à en savoir trop sur le passé des enfants qui arrivent chez moi. Leur attitude dépend tellement de leur environnement que je préfère laisser quelques semaines s'écouler avant de tirer des conclusions. La lune de miel est alors terminée et j'ai une idée assez claire des problèmes que je vais rencontrer. S'agissant de Sara, il ne me sembla pas souhaitable d'attendre. Sa conduite était si déconcertante que j'avais immédiatement besoin d'informations complémentaires. La voyant si destructrice vis-à-vis d'elle-même et d'autrui, j'appelai sa psychothérapeute, Sandra Martin, pour lui demander des précisions sur ses antécédents et quelques conseils.

Sandra me rappela sur-le-champ. Comme toutes les psys que je rencontre depuis des années à la clinique des enfants, elle était intelligente, sensible et profondément dévouée à ses patients.

— Avant de vous parler de Sara, j'aimerais savoir ce que vous avez constaté jusqu'à maintenant, me dit-elle. Racontez-moi comment ça se passe...

Je lui exposai mon point de vue sur Sara. Contrairement à la plupart de ses collègues, elle ne manifesta pas la moindre réticence — même subtile — à l'égard des familles d'accueil. Pour une fois, je me sentais dispensée de me présenter et de me justifier. Sandra me considéra dès le début comme un membre à part entière de son équipe. Elle avait parfaitement compris le rôle que je pourrais jouer dans la vie de cette fillette.

Ce jour-là, Sandra me parla une demi-heure au téléphone. Après avoir raccroché, je passai la demi-heure suivante à assimiler en silence ce que j'avais appris. Une histoire pas très jolie...

Sara n'avait que quatre mois au

moment de sa première hospitalisation. Les médecins avaient établi un diagnostic de retard de croissance. À la maison, elle ne grossissait pas et elle semblait avoir une relation défectueuse avec sa mère. Tout se passa très bien à l'hôpital : elle prit rapidement du poids et se mit à sourire aux infirmières et à gazouiller. Ses parents ne vinrent pas lui rendre visite une seule fois, et à son retour chez eux, le même scénario se produisit. Les services sociaux, aussitôt alertés, placèrent Sara sous le contrôle d'une assistante sociale, Nora, qui rendait visite à sa famille deux fois par mois. Nora était préoccupée : la maison était sale et la maman de Sara avait du mal à se faire obéir de ses aînés. Mais bien des maisons où il y a trois enfants sont négligées et tous les enfants ne sont pas faciles à élever. Le père de Sara n'était jamais présent.

Sara ne se souvenait pas de la première fois où son père l'avait violée. Elle avait environ trois ans et sans doute un niveau de langage insuffisant pour s'en plaindre à quiconque. Avait-elle seulement supposé que quelqu'un pourrait se soucier de son problème ? Son frère aussi la violait, ainsi que son oncle. Elle n'avait aucune raison de ne pas considérer le sexe comme un élément intrinsèque de sa vie d'enfant.

La sœur de Sara, une victime elle aussi, finit par parler à leur mère. Les abus sexuels s'interrompirent momentanément, mais la violence redoubla. Sara se sentit peut-être soulagée quand son père revint lui rendre visite la nuit.

Un jour, celui-ci disparut sans qu'elle comprenne très bien pourquoi. Il y avait eu une bagarre et la police était intervenue. On lui posa toutes sortes de questions, mais elle refusa de parler. Son père l'avait avertie que si elle parlait, on l'enverrait dans une famille d'accueil. Lui qui avait eu cette expérience autrefois savait ce que cela signifiait. C'est alors que Sara avait commencé à voir Sandra.

Au début, elle garda le silence. Elle se contentait de jouer avec une maison de poupées, de dessiner et de lire, mais peu à peu, elle finit par faire confiance à Sandra et à s'exprimer. Sandra ne se montrait jamais surprise ou fâchée ; elle compatissait simplement. Quand Bob vint s'installer chez sa mère, Sara raconta à Sandra qu'il lui mettait la tête sous l'eau et qu'il battait les enfants avec sa ceinture. Cela se passait à l'époque des visites de Nora. Elle la trouvait gentille et elle l'appréciait. Du moins jusqu'au jour où ce que Sara appréhendait le plus au monde se produisit : Nora l'emmena, ainsi que Thomas et Annie, dans une famille d'accueil.

Sandra aimait beaucoup Sara. Elle regrettait de passer à ses yeux pour la sale bonne femme qui avait signalé son cas à la DSS, mais elle se réjouissait qu'elle soit momentanément en lieu sûr. Elle m'avait donné quelques tuyaux qui me permettaient d'affronter certains des comportements les plus déroutants de Sara et nous avions fixé un programme de rendez-vous hebdomadaires avec elle.

Suivant ses conseils, j'attendis jusqu'à la dernière minute pour annoncer à la fillette sa visite imminente à sa mère et à son frère. Je pris alors un ton neutre, comme s'il s'agissait d'un incident banal, mais elle ne se laissa pas abuser un seul instant. Elle était chez nous depuis quelques jours seulement, et j'avais encore beaucoup de mal à déchiffrer ses états d'âme.

— Sara, lançai-je, on va avoir une journée bien remplie. On va faire quelques courses en ville avant de passer voir Nora. Tu te souviens qu'elle voulait essayer d'organiser une rencontre avec ta famille ? Eh bien, c'est aujourd'hui.

Silence absolu et inertie totale de Sara pendant quelques secondes.

— Il sera là ?

— Qui, ma chérie ? Bob ?

Hochement de tête imperceptible de Sara.

— Non, Bob ne sera pas là. Il n'y aura que ta maman et ton frère.

— Où est Annie ?

Je m'attendais à cette question, à laquelle je n'avais toujours pas trouvé de réponse. Annie, la sœur aînée de Sara, âgée de douze ans, avait avalé un flacon de cachets d'aspirine le soir de son arrivée en famille d'accueil. Après avoir subi un lavage d'estomac, elle avait été placée en hôpital psychiatrique.

— Annie a des problèmes en ce moment, dis-je. Elle se sent assez triste et très en colère... Avant d'être prête pour une visite, elle doit passer quelque temps avec des gens qui l'aideront à se sentir mieux.

— M'man, Danny a encore bouché les toilettes !

Angie m'appelait du premier étage. Danny éprouvait une fascination bizarre pour tout ce qui avait un mouvement tournant — par exemple, le tourbillon de l'eau dans la cuvette des toilettes. Il y jetait ce qui lui tombait sous la main, de sorte que ce genre de problème était malheureusement courant.

Mais il aurait pu choisir un meilleur moment ! Dans le branle-bas de combat, au milieu des éponges et des ventouses, j'oubliai un instant Sara. Durant les quinze minutes qu'il me fallut pour déloger l'intrus (en l'occurrence, un gant de cuisine) et sécher le carrelage, Sara avait craqué. Elle se vengeait sur la chatte. Comment était-elle parvenue à attraper Molly par les pattes de derrière? Le temps que j'arrive en courant, alarmée par les cris de Lucy, elle faisait tourbillonner le pauvre animal autour de la cuisine.

— Arrête immédiatement, Sara! m'écriai-je.

Sara ne s'arrêta pas avant que Molly ait ratissé tout son avant-bras de ses griffes. Elle la laissa alors tomber et resta clouée sur place, secouée de sanglots et l'œil hagard.

C'était exactement ce que Bruce appréhendait, et plusieurs de mes amies m'avaient mise en garde : je risquais de tomber un jour ou l'autre sur un enfant non seulement difficile, attardé ou déprimé, mais véritablement incontrôlable. Était-ce le cas de Sara?

— Pardon... Je... Ne me frappe pas!

Sara balbutiait des paroles incohérentes, en nous scrutant frénétiquement Angie et moi.

— Danny, va changer de chemise, ordonnai-je; tu es trempé. Karen, viens voir maman, ma chérie. Lucy, ne pleure pas, tu as bien réagi. Angie, peux-tu emmener les enfants dans le salon et leur passer un film? Donna, la baby-sitter, arrive dans quelques minutes, et je dois parler à Sara.

Les enseignants étant en stage pédagogique ce jour-là, Neddy et les aînés passaient la journée avec des copains. J'entraînai Sara dans la chambre partagée par Bruce et Nathan, pour lui dire deux mots après avoir refermé la porte; mais, dès que je me fus tournée vers elle, ma colère s'évanouit.

Elle tremblait des pieds à la tête. Je voulus la prendre dans mes bras dans l'espoir qu'un câlin la calmerait; comme elle résistait, je n'insistai pas.

Je gardai le silence pendant quelques minutes, car aucune parole sensée ne me venait à l'esprit. Paradoxalement, les personnes les moins formées, en quelque sorte au bout de la chaîne, doivent faire face aux responsabilités quotidiennes les plus graves. En cas de crise, il m'incombe de trouver une réaction adéquate.

— Peux-tu me parler, Sara? dis-je enfin. Peux-tu me dire ce qui s'est passé?

La tête tournée vers la fenêtre, elle attendit un temps infini pour me répondre d'une voix de bébé que je ne lui connaissais pas.

— Un jour, mon papa était furieux contre moi et il a noyé mon petit chat. Il m'a forcée à regarder. On avait une piscine... Une petite piscine, qui était un cadeau de ma grand-mère. Mon papa a tenu le chaton sous l'eau et il l'a noyé. Je n'ai pas pleuré. Je ne pleure jamais, mais j'étais fâchée! C'était pas de ma faute; je n'avais rien fait de mal...

J'attirai Sara contre moi et, pour une fois, elle me permit de la serrer dans mes bras. Je crus même la sentir se détendre un peu contre ma poitrine. Après l'avoir embrassée sur les cheveux, je ne sus que répondre.

Notre silence se prolongea quelques minutes et j'emmenai Sara dans la salle de bains en la tenant par la main. Du salon me parvenait la musique mille fois entendue du *Roi Lion*.

— C'est une mauvaise égratignure, Sara, lui dis-je. Je vais la désinfecter.

Stoïque, Sara me tendit son bras que je rinçai, puis badigeonnai d'antiseptique.

— Je peux avoir un sparadrap avec des étoiles?

— Bien sûr, mais écoute-moi, Sara. Quand tu as peur ou quand tu es en colère, pourrais-tu essayer de m'en parler? Rappelle-toi ce que je t'ai expliqué : tout le monde est en lieu sûr dans cette maison, même les animaux. Je ne te laisserai pas faire souffrir Molly.

J'ai appliqué le sparadrap sur la partie la plus profonde de l'égratignure.

— Voilà... Et maintenant, ça va mieux?

Sara m'a regardée avec le plus grand sérieux.

— Je n'ai même pas mal. C'est magique... Rien ne peut me faire mal.

Le bâtiment des services sociaux du comté n'est pas riche en structures d'accueil. Une minuscule entrée se prolonge par une petite pièce faisant office de salle d'attente et de visite. On y trouve quelques jouets au rebut, des puzzles incomplets, des albums de coloriage mais pas de crayons. Rien n'est prévu pour changer une couche ou réchauffer un biberon. Pour tout mobilier, une collection de chaises en plastique crasseuses. Je me suis toujours demandé ce que pensent, en voyant le tapis taché qui recouvre le sol, les familles à qui l'on a retiré des enfants « pour raisons d'hygiène ».

Mais ce qui me chagrine le plus est l'absence totale d'intimité, qui témoigne d'un manque de respect flagrant à l'égard de nous tous — usagers, familles d'accueil et travailleurs sociaux. Comme toujours, il est difficile de désigner les responsables. J'ai écrit quelques lettres cinglantes au sommet de la hiérarchie, à Boston, et je n'ai obtenu que des réponses polies mais évasives. On ne m'a jamais proposé de repeindre les murs, de nettoyer le tapis et de remplacer les jouets !

Cela dit, l'état des lieux n'était pas ma préoccupation majeure quand j'ai emmené Sara rendre visite à Sharon.

J'avoue que j'étais surtout curieuse de voir quelle mère avait laissé son enfant subir de pareilles violences.

Je n'ai pas trouvé Nora dans la pièce, mais Sharon et Thomas, le frère de Sara. Leur air de famille me frappa. Sharon avait sans doute été jadis aussi jolie que sa fille, bien qu'elle paraisse à présent sortir tout droit de l'asile, comme aurait dit Bruce. Elle avait les cheveux d'un rouge criard et un maquillage appliqué à la truelle. Elle s'était certainement mise sur son trente et un pour rendre visite à Sara, car elle portait des talons aiguilles et des bas, ce qui n'était certainement pas dans ses habitudes un mercredi matin.

J'ai attendu que les membres de cette petite famille s'embrassent, mais ils n'en firent rien. Ils semblaient mal à l'aise dans cette pièce sinistre.

— Bonjour, lançai-je. Je suis Kathy, et vous Sharon, je suppose.

J'évitais à dessein de mentionner mon nom de famille, et je n'avais donné à Sara ni notre adresse, ni notre numéro de téléphone. Il est préférable que ce genre d'informations ne tombe pas entre les mains de parents dont la santé mentale laisse à désirer.

À l'époque, je considérais comme un signe positif le fait que certaines mères me fassent des confidences sur leur vie privée. J'ai compris depuis que les marginaux, qui se sentent débiteurs envers une société méprisante à leur égard, perdent souvent leurs repères. L'assistance dont ils bénéficient se paie cher : elle les oblige à renoncer à leur vie privée, au prix de leur dignité...

Sharon parla brièvement à ses enfants. Elle leur demanda comment ils allaient et s'ils se plaisaient dans leurs familles respectives, avant de se tourner vers moi pour me raconter *son* expérience des familles d'accueil. Cette femme ne s'apitoyait pas sur elle-même et ne cherchait pas non plus à se disculper : elle avait simplement besoin de me faire savoir ce qu'elle avait vécu. Certains détails me firent frémir. S'imaginait-elle que ma famille ressemblait à celles qu'elle avait connues dans son enfance ?

— Vous pourriez peut-être en parler dans un moment avec Nora, lui suggérai-je en jetant un coup d'œil sur Sara et son frère.

Les deux enfants se disputaient à propos d'un jeu vidéo que Sharon leur avait apporté, mais ils pouvaient nous entendre — ce qui n'était nullement souhaitable pour eux.

— Ils ne font pas attention à nous! grommela Sharon. Hein, les enfants?

Sara ne daigna pas réagir, mais Thomas regarda sa mère d'un air implorant.

— En tout cas, poursuivit Sharon, imperturbable, on m'a envoyée ensuite dans une autre famille. En fait, j'ai été placée dans des tas de familles et j'y suis jamais restée bien longtemps... Sans doute par ma faute! Je passais mon temps à fuguer et à sécher les cours pour aller avec des garçons. Plusieurs fois, on m'a fait suivre des cures de désintoxication, contre la drogue et tout, mais c'était pas mon genre. Trop de discipline... Et Sara, ça marche comment avec elle?

Sans attendre ma réponse, Sharon reprit :

— Je sais qu'elle peut être très dure. Elle jure comme un charretier. On a essayé de lui laver la bouche avec du savon, mais ça n'a servi à rien. J'espère qu'elle ne jure pas chez vous... En tout cas, elle sait que je ne veux pas entendre ces mots-là chez moi !

À la pensée du chaton mort et des jeux sadiques dans la baignoire, je me sentis perplexe au sujet de ce que Sharon jugeait acceptable chez elle.

Il faisait une chaleur étouffante dans cette petite pièce. De peur d'encourager Sharon à poursuivre son monologue si j'enlevais ma veste, je me contentai d'ouvrir ma fermeture Éclair pour me sentir plus à l'aise.

— Je n'ai pas encore envoyé Sara à l'école, mais je compte le faire la semaine prochaine, annonçai-je afin de changer de sujet. Elle est au jardin d'enfants, je suppose.

— Thomas est en troisième année à l'école primaire. Il a des heures de soutien en maths et en lecture, et il voit quelqu'un qui l'aide à se calmer, mais dans l'ensemble ça marche très bien pour lui. Sara se débrouille pas mal non plus. Elle s'agite un peu trop, pourtant c'est clair qu'elle est intelligente! Moi, j'ai pas terminé mes études. J'aurais bien voulu, mais j'me suis retrouvée enceinte d'Annie à seize ans, et j'ai dû me marier. Tous mes enfants sont du même père; ça vaut mieux. Frank est parti il y a un an, quand j'me suis aperçue qu'il continuait à fricoter avec les filles. Maintenant, j'suis avec Bob. Mes gosses se plaignent de lui, mais il dit qu'il faut être sévère avec si on veut pas se faire marcher sur les pieds. J'en suis bien la preuve...

Nora entra dans la pièce à temps pour entendre cette remarque quelque peu sibylline et je n'eus pas à répondre.

Grâce à son arrivée, j'étais enfin libre de partir. L'immeuble des services sociaux se situe au centre d'un quartier universitaire animé. L'austère bâtisse de brique contraste avec le reste de la rue. Par cette journée d'avril, les étudiants, en manches de chemise, profitaient des premières chaleurs de la saison. Ils déambulaient en se tenant par la main, mangeaient des glaces aux terrasses des cafés, et plaisantaient entre eux. Je notai un certain nombre de chevelures écarlates, de tatouages et de piercings, mais ces jeunes semblaient assez « normaux ». Les devoirs à rendre, les films à voir, et les résultats de l'équipe universitaire de basket étaient au centre des conversations. Ces étudiants ne manquaient certainement pas de problèmes, mais, par ce beau jour de printemps, ils avaient le cœur léger.

Il ne me restait plus qu'une demi-heure pour flâner avant la fin de la visite. Je profitai de cet exceptionnel moment de répit — loin du téléphone et des récriminations des enfants — pour faire du lèche-vitrines et fouiner dans ma librairie préférée sans être interrompue, pour une fois, mais j'eus du mal à me détendre. J'avais hâte de retrouver Sara. Sa mère ne semblait ni désireuse ni capable de lui consacrer beaucoup de temps ou d'attention. Je présumais que la dernière demi-heure de la visite, en présence de Nora, se passerait exactement comme la première.

À mon retour, je trouvai Nora aux prises avec Thomas et Sara, qu'elle cherchait à distraire.

— Où est Sharon ? fis-je.

— Bob est arrivé peu après ton départ, et Sharon a filé avec lui.

Nora baissa la voix.

— La visite ne s'est pas bien passée. À l'avenir, il vaudrait mieux ne pas amener Sara vêtue d'une robe... Elle s'est montrée assez provocante avec son frère, et Sharon est tombée dans le panneau ; elle riait de voir sa fille soulever sa jupe en ondulant du derrière. D'autre part, Sharon n'aurait pas dû laisser Bob venir. Ce type me donne la chair de poule. Les enfants tremblaient de peur quand ils l'ont vu... Non, Sara, ça ne va pas !

Sara avait placé une poupée Barbie — cadeau de sa mère, je suppose — sur le dos, les jambes en l'air ; une autre poupée Barbie, entre les jambes de celle-ci, mimait une scène de sexe bucco-génital.

— Nous partons, Sara ! annonçai-je d'un ton ferme. Avez-vous prévu une autre visite, Nora ?

— Les visites vont poser un problème. Sharon s'est installée avec Bob dans un État voisin et il y aura des difficultés de transport. Je ne pourrai pas trouver le temps d'aller la chercher et de la raccompagner chez elle. On verra ce qu'on peut faire...

Sara se tint tranquille pendant le trajet de retour : elle répondait à mes questions, sans un mot de plus. J'ai apprécié ce moment de calme, propice à la réflexion.

Malgré mon intérêt pour Sara, je craignais de ne pas pouvoir la garder. Bruce serait mécontent quand il apprendrait l'incident survenu avec la chatte. Préoccupé par les obsessions sexuelles de Sara, il m'avait déjà fait promettre de ne jamais la laisser seule avec lui ou l'un des garçons. Quelle famille d'accueil ne s'est pas sentie à la merci d'une calomnie ? Avec une gamine comme Sara, le risque d'une accusation infondée n'était que trop réel. D'autre part, nous étions parfaitement d'accord, Bruce et moi, sur le fait que nos propres enfants devaient avoir la priorité sur ceux que nous accueillions chez nous. Pourquoi les aurions-nous sacrifiés dans l'espoir de sauver d'autres gosses ?

Nous avions également un problème avec Danny. Sara et lui formaient un couple infernal : il était agressif et elle avait tout d'une victime potentielle. Il ne fallait pas les perdre de vue un seul instant. En toute honnêteté, j'aurais préféré que Dan s'en aille. Non seulement il me donnait beaucoup de mal, mais bien qu'il soit chez nous depuis près de deux ans, je n'avais pas réussi à l'apprivoiser. Malgré nos efforts, il restait distant et indifférent. Je peux faire du bon travail avec un enfant sans amour pour lui, mais j'ai besoin de ressentir au moins quelque chose. J'aimerais pouvoir affirmer que, le moment de prendre une décision pour Danny étant venu, nous avons tranché, Bruce et moi, dans le sens le plus favorable à tous les enfants ; mais ce serait inexact. Quand ce moment survint, nous étions déjà totalement dépassés par les événements.

6

Je fais d'ordinaire connaissance des enfants au pire moment de leur brève, mais déjà pénible existence. Ils m'arrivent avec un cortège d'assistantes sociales, de psychothérapeutes, de médecins et d'hommes de loi chargés de régler un élément ou un autre de leur vie. Comme les besoins à satisfaire immédiatement sont immenses, je suis en principe enchantée de l'aide que l'on peut m'apporter. Par mes propres moyens, je suis tout juste capable de recoller momentanément les morceaux.

Quelle que soit la fonction de la personne impliquée (assistantes sociales ou parents d'accueil), il s'agit d'une responsabilité démesurée. Nous tenons la vie de ces enfants entre nos mains.

Grâce au bouche-à-oreille, les parents d'accueil ne tardent pas à apprécier chacun des rouages du système à sa juste valeur. Nous connaissons les avocats zélés et les psychothérapeutes compétents. Nous faisons la différence entre les juges qui donnent la priorité aux intérêts de l'enfant et ceux qui n'ont, semble-t-il, jamais vu un gosse traumatisé. Nous formons un groupe aux opinions tranchées et que l'on ne fait pas changer d'avis aisément.

J'appartiens donc à une petite communauté, incluant un nombre limité de spécialistes des problèmes sociaux, et il n'est pas rare que deux enfants d'une famille d'accueil aient le même thérapeute ou soient représentés par le même avocat. Le secret professionnel pose un problème important et presque toutes les personnes à qui j'ai affaire en ont bien conscience.

Avec sa malchance habituelle, Dan était tombé sur une avocate inefficace. Elle ne m'appelait jamais et je ne l'avais jamais vue assister à un bilan. Il avait une bonne assistante sociale, mais elle ne pouvait pas grand-chose pour lui : aucun service de la planète n'aurait pu lui permettre de retourner sans risque dans sa famille, et sa mère n'allait ni guérir par miracle de sa maladie mentale, ni devenir soudain plus intelligente. D'autre part, Dan n'était pas un bon candidat à l'adoption, car ses problèmes risquaient de s'aggraver avec l'âge. On pouvait espérer, au mieux, le placer dans un foyer. Il avait, heureusement, une psychothérapeute exceptionnelle, qui était la seule personne de l'équipe à le considérer autrement que comme un « cas ». Elle pensait même à lui souhaiter son anniversaire et à lui demander des nouvelles de son équipe de base-ball.

La mère de Dan avait, pour sa part, un formidable avocat. Je voyais souvent Scott Thorp, qui se montrait extrêmement respectueux vis-à-vis de Pearl, tout en admettant qu'il n'était pas dans son intérêt de chercher à élever Dan par elle-même. Quand Scott m'appela pour m'annoncer qu'il se chargeait du cas de Sara, j'en fus ravie. Avec tous ses problèmes, Sara avait bien besoin d'un ange gardien.

Karen avait elle aussi un excellent avocat. Sam Zdiarski s'efforçait de me rendre souvent visite et de m'appeler chaque fois qu'il détenait une information pouvant m'intéresser. Au bout d'un an, il avait déclaré qu'il était souhaitable pour Karen de rester chez nous. Bonnie n'ayant pas pu poursuivre son programme de désintoxication, une adoption avait été préconisée. La DSS devait convaincre Bonnie de renoncer à l'exercice de ses droits parentaux. Sinon, le département porterait l'affaire devant les tribunaux. Sam nous avait exposé clairement que si Bonnie se rétablissait, elle pourrait reprendre sa fille. Je pense qu'il en doutait quelque peu, mais il voulait nous préparer, Bruce et moi, à cette éventualité. Tant que la justice n'aurait pas tranché, on pouvait s'attendre à tout.

Nous n'avions jamais remis en cause notre intention d'adopter Karen : elle était déjà virtuellement notre fille, et l'adoption ne ferait que légaliser une situation préexistante dans nos cœurs. L'optimisme modéré de Sam à ce sujet s'expliquait par l'attitude de Mark Daniels, l'avocat de Bonnie, lequel passait pour un homme particulièrement coriace.

Sa cliente voulait récupérer sa fille ; il ferait donc le maximum pour lui donner gain de cause. Peu lui importait le mauvais dossier de Bonnie et sa conduite indigne d'une mère. Il me semblait que Mark était plus soucieux d'avoir le dernier mot que de défendre les véritables intérêts de Bonnie et Karen. Maintenant que j'en sais un peu plus long sur le fonctionnement du système judiciaire, je réalise qu'il faisait tout simplement son métier ; mais, à l'époque, je le considérais comme un ennemi.

Après un mois avec Sara, nous étions déjà installés dans la routine, bien que Bruce émette encore quelques réserves quant à la dynamique de notre petit groupe. Danny et Sara exigeaient une surveillance constante. Sans en demander autant, Lucy et Karen nécessitaient une attention soutenue, que j'avais parfois du mal à leur prodiguer. Bruce Jr n'habitait plus sous notre toit et Nathan allait s'inscrire en fac; les autres enfants devaient encore être convoyés à des matchs, des cours et des spectacles variés. Je me sentais écartelée, mais je finissais toujours par m'en tirer, et j'en étais arrivée à un point où, en dépit des problèmes, je n'imaginais pas notre famille sans chacun de ces enfants.

Les parents d'accueil n'ont pas nécessairement conscience de l'invraisemblable labyrinthe judiciaire dans lequel se débattent les familles dont les enfants sont soumis à la garde de l'État. Nous sommes invités tous les six mois à un bilan pour voir la tournure que prennent les événements. Entre deux bilans, bien des choses peuvent se produire. Il y a des comparutions devant le tribunal, des entrevues, des audiences. Tout cela peut modifier grandement le sort d'un enfant, mais, la plupart du temps, nous n'en savons rien, à moins que l'aboutissement ne soit la restitution d'un enfant à sa famille.

Plus que tout autre avocat, Sam se fai-sait un devoir de me tenir au courant. Sachant combien nous aimions Karen, il cherchait à me protéger, et il ne m'infor-mait des entrevues que si elles lui permet-taient de m'annoncer une bonne, ou tout au moins une nouvelle pas trop mauvaise.

Je n'avais donc pas réalisé que le place-ment de Karen chez nous était en danger jusqu'à son appel, un vendredi soir.

— Kathy, rassurez-moi, me lança-t-il. J'apprends que vous hébergez sous votre toit un dangereux délinquant sexuel.

— Un délinquant sexuel! Qu'est-ce que vous racontez? Personne ne vit ici, à part Bruce, les enfants et moi.

— Il s'agit d'un petit Danny, qui a un lourd passé...

— Tous les enfants que j'héberge, y compris Danny, ont un lourd passé... Mais Karen ne court aucun risque. Je tiens mes gosses à l'œil, comme vous savez. Que se passe-t-il? Et qui vous a parlé des problèmes de Danny?

— Il semblerait que le père de Danny a disparu juste après sa naissance. Pearl a prétendu qu'il était de père inconnu, de peur que la famille de cet homme cherche à lui enlever son fils. Il s'appelle John Turner. Il a rencontré Pearl, qui lui a dit que Dan vit dans une famille d'accueil, et il veut obtenir un droit de visite.

— Quel rapport avec Karen?

— Vous ne tarderez pas à le savoir! Le juge auquel John s'est adressé pour cette affaire lui a attribué un avocat. Devinez de qui il s'agit!

— Je brûle de le savoir...

— Il s'agit de Mark Daniels.

— L'avocat de Bonnie?

— En personne.

— Il a lu le dossier de Dan et réalisé que le fils du type qu'il représente vit chez nous?

— Exactement. Son dossier est farci de rapports psychiatriques et d'informations qui le décrivent comme un délinquant en herbe. Bonnie proclame maintenant qu'elle veut déplacer Karen, et Mark Daniels présente une requête au juge lundi prochain. Les services sociaux affirment que Karen souffrirait terriblement

166

si elle vous était enlevée, mais Daniels serait ravi d'y parvenir. Cela augmenterait ses chances de rendre Karen à sa mère...

— Il ne peut tout de même pas aller jusque-là! m'écriai-je, au bord de la panique. S'agit-il, oui ou non, d'un conflit d'intérêts? Que penserait le père de Dan s'il constatait que son avocat a utilisé les informations de son dossier pour une autre affaire, et si, en fin de compte, Danny était retiré du seul endroit où il se sent bien?

— Pour l'instant, je dois réfléchir à ce qui se passera lundi. Ce gosse est-il aussi dangereux qu'on le prétend?

— Il le serait s'il n'était pas surveillé.

Partagée entre la colère et l'angoisse, je refoulai mes larmes. Je me sentais trop à bout pour y voir clair.

— Sam, demandai-je, pourrait-on vraiment m'enlever mon bébé?

— Karen n'est pas votre bébé, me rappela doucement Sam. Si Bonnie la juge en danger, elle peut exiger qu'on vous l'enlève. Vous serez peut-être obligée de choisir entre Dan et Karen...

Bruce me découvrit en train de sangloter, le nez dans l'oreiller. Quand je fus assez calme pour lui raconter ce que j'avais appris, il me sembla furieux, mais plus lucide que moi.

— C'est une histoire lamentable, me dit-il, mais on ne peut sans doute pas accuser Mark Daniels d'avoir obtenu cette information par une voie illégale. Tout le problème est de savoir ce que nous allons faire.

Je n'éprouvais pas le moindre doute à ce sujet.

— Karen est mon bébé! m'écriai-je. Bonnie l'a mise au monde, mais elle est incapable de l'élever. C'est moi qui la tiens dans mes bras quand elle tombe malade; c'est moi qu'elle vient trouver quand elle se cogne. Je la nourris, je la change et je la berce pour l'endormir. Quand elle dit « maman », elle s'adresse à moi. À tout point de vue, je suis sa mère.

— Et moi son père, mais Dan... Allons-nous l'abandonner tout simplement?

— Tu t'imagines que je veux me débarrasser de lui sans aucun scrupule...

— Loin de moi cette pensée! Je suppose que je me sens coupable parce que nous n'avons pas le choix.

Évidemment, nous n'avions pas le choix. Quand j'y pense aujourd'hui, je regrette de n'avoir pas été meilleure, mais dire que je me suis battue pour Dan serait me mentir à moi-même. Dans ma panique, je n'avais qu'une idée en tête : ne pas perdre Karen. Pour la garder, j'étais prête à me couper un bras, à hypothéquer ma maison, et à trahir le gamin de neuf ans qui avait trouvé refuge chez moi.

La semaine suivante s'écoula dans une ambiance morose, tandis que chacun de nous faisait son propre deuil. Bruce Jr et Nate étaient assez grands pour vivre leur vie surtout en dehors de la maison; ils plaignirent Dan sans souffrir d'une trop grande perte. Ben, qui n'avait jamais pu s'entendre avec Dan, et qui était fréquemment la cible de ses tendances destructrices, se sentit soulagé. Comme il était le plus affectueux et le plus sensible de tous nos enfants, je craignis qu'il cède à un certain sentiment de culpabilité, mais j'avais sous-estimé son honnêteté foncière.

— Je ne vois pas pourquoi je serais triste, me dit-il. Dan n'est pas mon frère. Franchement, la vie sera plus facile sans lui. Je n'aurai pas à mettre mes affaires sous clef et nous vivrons comme des gens normaux, qui n'auront pas à cacher la nourriture de peur que Dan ne la vole.

Mais pour Neddy et Angie, chaque départ ravivait de pénibles souvenirs d'enfance. Elles se rappelaient leur chagrin à l'occasion de départs brusqués, et leur angoisse de ne pas savoir où elles dormiraient le lendemain. Elles m'en voulurent, ainsi qu'à Bruce, aux services sociaux, et même à Danny. Comme le formula Angie en termes clairs :

— Si ce sale petit gosse avait appris à se tenir correctement, il n'aurait pas été obligé de partir.

Je n'avais pas prévenu Dan. Il ne nous semblait pas utile de l'alerter tant que ne nous ne savions pas où il irait, ni à quelle date.

Susan, notre assistante sociale, fut

ferme comme un roc. Elle savait comment se comporter, non seulement avec les enfants, mais face aux situations délicates. En l'occurrence, elle parvint à dominer une situation que je voyais de trop près pour être lucide.

— Dan a besoin d'aller grandir ailleurs, Kathy, m'affirma-t-elle. Pensiez-vous le garder toujours chez vous ?

— Pas vraiment, admis-je. Je savais que le moment viendrait où il lui faudrait une structure plus solide. D'autre part, j'avoue que je songe à me spécialiser, car travailler avec les fillettes victimes d'abus sexuels m'intéresse particulièrement. Et il n'en est pas question tant que Dan restera chez moi. Mais je souhaitais que tout soit planifié dans son intérêt... À présent, il risque d'aboutir dans une famille minable et d'être ballotté d'un endroit à l'autre. Je suis furieuse qu'il se soit fait piéger par ce salaud de Mark Daniels !

— Peut-être pas... D'ailleurs, j'ai une idée à vous soumettre... Vous souvenez-vous des Peterson ? David et Sunny ? Vous avez suivi une formation avec eux.

— Ah oui, ces ruraux, sans enfants, qui s'imaginent qu'ils vont sauver le monde... Le mari répare des pianos ?

— C'est ça. Aucun n'enfant n'est encore placé chez eux et ils veulent vraiment quelqu'un dont personne n'accepte de se charger. Je sais qu'ils sont un peu spéciaux, mais je les ai appelés ce matin et ils souhaiteraient vous rencontrer, ainsi que Bruce, pour parler de Dan. Ils ont une belle maison et un grand jardin.

Je dissimulai tant bien que mal mon manque d'enthousiasme. J'avais participé à une session de formation avec les Peterson au début de l'année, et j'avais été quelque peu décontenancée. Sunny, qui était végétarienne, criait sur les toits que notre régime alimentaire causerait la mort non seulement de nos familles mais de l'humanité entière. David affichait ses idées politiques et ses convictions religieuses sur ses tee-shirts. C'était un exalté, certain d'avoir toujours raison. Je doutais réellement de l'aptitude des Peterson à devenir des parents d'accueil. Ils n'avaient aucune expérience des enfants en général, encore moins d'un enfant comme Danny. Comment réagiraient-ils face à ses comportements particulièrement bizarres ?

Je ne voulais surtout pas que Dan procure à des gens que je n'appréciais guère l'occasion de gagner une médaille de sauvetage. Mais puisqu'ils étaient les seuls à figurer sur la liste des candidats, je me sentis comme un indigent qui ne peut pas se permettre de faire le difficile, et j'acceptai de les rencontrer.

Assise face à David et Sunny, une semaine après, j'interprétai leur curiosité naturelle comme une forme de voyeurisme. Mon attitude extrêmement protectrice au sujet de Dan ne m'incitait guère à leur parler de ses expériences sexuelles avec les amants de sa mère. Mais s'ils n'étaient pas au courant, comment réagiraient-ils devant son insensibilité, ses tendances pédophiles, et une multitude d'autres problèmes de sociabilité qu'il risquait de présenter ?

Je me sentais également menacée sur le plan personnel. Non que je veuille faire passer ma famille, mes propres enfants et ceux que j'accueille pour meilleurs que nous sommes, j'aimerais au moins que nous ayons l'air normaux. Or, je sais qu'il survient chez nous des faits assez inhabituels, car nous considérons chaque enfant comme une personne, quelles que soient ses bizarreries. Les crises de nerfs, les désordres alimentaires, les accès de panique et les difficultés d'apprentissage sont notre lot, au même titre que des cheveux frisés ou des taches de rousseur. J'étais prête à exposer tout cela à Sunny et David, mais je mettais mon point d'honneur à leur montrer Danny sous son meilleur jour. C'était un peu comme si je parlais d'une partie de moi-même.

Je me montrai honnête avec eux, mais positive. Dan n'était pas un enfant facile. Il lui arrivait de mentir, de voler, de stocker de la nourriture. Il pouvait se montrer agressif, y compris sur le plan sexuel, et il fallait toujours l'avoir à l'œil. Mais il aimait qu'on lui fasse la lecture et il adorait se rendre utile. Bien qu'atteint de troubles psychiatriques, il était avant tout un petit garçon en manque d'amour.

Les Peterson écoutèrent, prirent des notes et se regardèrent en levant les yeux au ciel tant que dura notre conversation. Sans jamais critiquer de front mes méthodes d'éducation, ils me posèrent des questions insidieuses qui en disaient long sur leur opinion à mon sujet.

— Vous limitez la quantité de nourriture qu'il consomme? À neuf ans, il n'a pas l'autorisation d'aller à l'école avec ses camarades? Il dort avec des couches?

— Oui, mais... répondais-je, sur la défensive.

À tel point que je finis par me demander si je n'étais pas trop stricte, trop autoritaire, trop obsessionnelle. Dan deviendrait peut-être différent dans une famille qui lui offrirait plus de possibilités d'autonomie que la nôtre.

La décision fut prise de transférer Dan par étapes, c'est-à-dire — selon les critères des services sociaux — un après-midi, une journée, une nuit, puis une semaine entière.

Je lui avais annoncé la nouvelle un vendredi, une heure avant que David vienne le chercher pour sa première visite. Je ne lui demandai pas son avis (à quoi bon, puisqu'il n'avait pas le choix?), mais j'insistai sur le fait qu'il n'était pas fautif. Nous lui avions trouvé un lieu de séjour plus approprié : on s'occuperait davantage de lui et il aurait plus de distractions. D'autre part, nous viendrions lui rendre visite, et il pourrait toujours compter sur notre affection.

Dan, égal à lui-même, évita de discuter et ne posa aucune question. Les enfants placés en famille d'accueil ont l'habitude d'être trimballés d'un endroit à un autre, comme de vieux canapés que l'on cherche à caser dans des coins où ils paraîtront moins miteux et moins encombrants.

La première visite aux Peterson se passa bien, mais Dan nous revint plus tendu que d'habitude et il se remit, ce soir-là, à se balancer d'avant en arrière comme à l'époque de son arrivée chez nous. Il parla beaucoup des Peterson — « ma nouvelle maman et mon nouveau papa », selon ses termes —, de sa nouvelle chambre, et du chiot qu'on lui avait promis.

Je passai la semaine suivante à transférer ses dossiers scolaires et à mettre de l'ordre dans ses vêtements et ses jouets.

Le jour de son départ définitif, je déposai ses affaires sur le porche, devant la maison. Dan nous était arrivé avec, en tout et pour tout, les vêtements qu'il portait ; il repartait avec une bicyclette, des livres, des puzzles, des camions et des Lego. Il avait une garde-robe digne de ce nom et une brosse à dents, mais j'aurais souhaité lui donner bien plus : l'amour-propre, le sens de la famille, des mots pour exprimer ses sentiments, la capacité de pleurer.

Je fondis en larmes dès que la voiture des Peterson démarra. Ce n'étaient pas des larmes de chagrin mais de regret, car Dan n'avait rien appris, pendant ses deux années chez nous, sinon à dire au revoir... une fois de plus.

7

Mes larmes ne durèrent pas. Avant le départ de Dan, je n'avais jamais mesuré la quantité de temps dont il privait les autres enfants. Du temps consacré aux tâches matérielles (lessive, bain, nettoyage), qui ne sont pas négligeables lorsqu'un enfant de neuf ans n'a pas encore fait un apprentissage complet de la propreté. D'autre part, il réclamait une vigilance absolue, fardeau dont je n'avais pas réalisé le poids avant d'en être libérée. Au bout d'une semaine sans Dan, je sentis même ma colère contre Bonnie s'apaiser quelque peu. Derrière les lunettes à verres épais et les dents proéminentes de Danny se cachait un petit garçon violent et dangereux, dénué de tout sens moral. Un jour ou l'autre, il était capable de faire du mal à quelqu'un. Pouvais-je blâmer Bonnie de ne pas vouloir que Karen soit sa première victime? Dans mes moments de véritable objectivité, je m'avouais même mon soulagement à l'idée qu'une tierce personne ait pris une décision au-dessus de mes forces.

Au début de cet été-là, je rêvais de baignades dans le lac voisin, de grillades sur la terrasse, et d'un moment pour finir la lecture de *Little House* à Lucy et Sara. J'avais même prévu de ranger mes placards, de repeindre la salle de bains, et de me plonger, pour le plaisir, dans un livre dont le titre n'évoquerait pas les traumatismes infantiles.

Je me faisais des illusions... Par les longues et chaudes journées d'été, mais aussi la nuit, les assistantes sociales se transforment en sorcières traquant les enfants d'un lieu à un autre, ayant à peine le temps de résoudre une crise avant qu'un signal d'alarme ne se déclenche ailleurs.

Lucy repartit chez elle à l'essai. Ellen semblait hésiter, mais l'assistante sociale lui mit le marché en main. Soit elle reprenait sa fille pour s'en occuper convenablement, soit elle acceptait l'ouverture d'un dossier d'adoption définitive.

Cette menace dut impressionner Ellen, car elle accepta les deux visites prévues et demanda à garder Lucy plusieurs nuits, la semaine suivante.

Le cœur serré, je regardai Lucy faire ses bagages en prévision de cette longue visite. Sa surexcitation contrastait avec son calme et sa discrétion habituels. Chacune de ses phrases commençait par « Ma maman dit que... », ou bien « Quand je serai à la maison... » Je mourais d'envie de la serrer dans mes bras pour la protéger. Elle était trop sensible pour le monde d'Ellen. Pour un peu, je lui aurais dit que la vie avait plus à lui offrir que des bières glacées et des hommes au sang chaud.

Mes inquiétudes au sujet de Lucy n'étaient rien à côté de ce qu'éprouvait Bruce. Tandis qu'Angie et Neddy volaient de leurs propres ailes dans un monde d'amitiés, de sorties et même — Dieu nous garde ! — de garçons, Lucy avait pris la place vacante. Bruce et elle observaient les oiseaux, construisaient des mangeoires, et allaient assister à des matchs de foot. Karen était son bébé, Lucy sa copine. Il fit bonne figure devant elle, mais je savais à quel point il souffrait.

Lucy partit donc. Son assistante sociale avait approuvé une visite d'un dimanche à l'autre, l'anniversaire de Lucy tombant entre les deux. Si tout allait bien, elle reviendrait pour une fête d'adieu avec ses copains et copines, et repartirait pour de bon chez sa mère dès le mercredi.

Un placement volontaire en famille d'accueil — comme l'avait demandé Ellen pour Lucy — ne présente aucune des garanties inhérentes à un placement ordonné par les tribunaux. Ellen pouvait décider à tout moment de reprendre sa fille sans que le service des affaires sociales puisse lui opposer la moindre objection. Le fait que personne ne veille sur les intérêts de Lucy posait également un problème. On attribue d'office un avocat à tout enfant placé en famille d'accueil à la suite d'abus sexuels ou de négligences, mais les enfants placés volontairement ne bénéficient pas de cette mesure. Les assistantes sociales semblent moins s'investir en ce qui les concerne, car leurs besoins paraissent sans doute moins aigus. Pour toutes ces raisons, j'avais l'impression de livrer Lucy en pâture aux loups, pieds et poings liés.

Le premier jour de cette visite de longue durée, puis le deuxième et le troisième s'écoulèrent, et je commençai à souffler un peu. Lucy aimait tant Ellen que tout irait peut-être pour le mieux.

Le quatrième jour, je me mis au travail de bon matin. J'avais accepté d'accueillir une fillette de trois ans, en difficulté dans une autre famille. Je devais sortir le petit lit et trier des vêtements. Mon esprit vagabondait d'une pensée à l'autre. D'après ce que j'avais lu sur les troubles post-traumatiques, il n'était pas souhaitable de faire dormir un petit enfant victime d'abus sexuels dans la même chambre que l'imprévisible Sara. Quand le téléphone m'arracha à ma réflexion, je jurai entre mes dents, avant de descendre répondre... à la dixième sonnerie.

— Allô?

Silence.

— Allô?

— Kathy?

— Qui est à l'appareil? C'est vous, Ellen?

— Je n'y arrive pas! Pouvez-vous reprendre Lucy tout de suite?

— Que se passe-t-il? Lucy va bien?

— Elle va bien, mais je n'en peux plus. Je croyais vraiment que ça marcherait... Mais pas sept jours sur sept... Je vais devenir cinglée! Je renonce à l'exercice de l'autorité parentale. Vous pouvez la garder, Bruce et vous; je me contenterai de lui rendre visite de temps en temps...

Toute la sympathie que j'éprouvais encore pour Ellen s'évapora subitement. J'étais horrifiée par la manière cavalière dont elle venait de m'offrir son enfant.

— Écoutez, lui dis-je, il ne s'agit pas de nous donner Lucy comme cela. Vous allez en parler à votre assistante sociale, et nous avons besoin d'en parler nous aussi.

Voulez-vous que je vienne chercher Lucy ?

— Non, je vous la ramène. C'est sur mon chemin... Je vais camper dans le Maine avec des amis ; ça m'aidera à récupérer. Ma psy dit que je ne peux pas prendre quelqu'un en charge tant que je ne parviens pas à me prendre en charge moi-même. Elle pense que je dois respecter mes limites... Il faut absolument que je me détende avec mes amis. Vous voyez ce que je veux dire ?

J'avais parfaitement compris. Les quatre jours pendant lesquels Ellen avait joué à la maman lui suffisaient amplement et elle avait besoin de se distraire. Le reste n'était que du bla-bla pour justifier le fait qu'elle abandonnait à nouveau sa fille. Elle comptait passer une semaine avec ses amis, puis revenir apaisée et prête à la reprendre... au moins jusqu'à la prochaine fois où elle éprouverait le besoin de « faire une pause ».

Malgré les menaces de son assistante sociale, Ellen n'avait pas grand-chose à craindre. Le processus d'adoption de

Lucy serait plus délicat qu'il n'y semblait. Bien que négligente, Ellen n'avait jamais mis la vie de sa fille en péril. Sa consommation de drogues et d'alcool n'avait jamais atteint le stade de la dépendance. Si elle s'opposait finalement à l'adoption de sa fille, obtenir qu'un juge prononce la déchéance de l'autorité parentale serait un rude combat. Lucy serait vouée à passer toute son enfance dans les limbes : ni adoption, ni restitution à sa mère. Une situation intermédiaire — la pire de toutes pour un enfant.

— Dites à Lucy que nous l'attendons, répondis-je à Ellen en raccrochant posément malgré ma nervosité croissante.

Le travail est toujours un antidote pour moi dans les moments de grande pression. Trier des chaussettes m'aide à mettre de l'ordre dans mes pensées, et faire reluire un plancher est une excellente occasion de me défouler. Lorsque toutes deux arrivèrent, environ deux heures après son appel, ma salle de bains étincelait et, pour la première fois depuis deux semaines, le panier à linge était vide.

Je souris avec peine à Lucy. La pauvre petite faisait peur à voir. Des cernes violacés contrastaient avec son teint plus pâle qu'à l'habitude. Ses lèvres elles-mêmes paraissaient verdâtres. Ses cheveux emmêlés pendaient lamentablement, et elle avait l'air d'avoir dormi dans des vêtements en haillons qu'elle n'avait jamais portés jusque-là.

— Bonjour, mon chou, je suis contente de te voir. On s'ennuyait de toi ! lançai-je d'une voix faussement enjouée.

Lucy laissa un moment errer son regard de sa mère à moi avant de parler.

— J'ai mal à l'estomac, Kathy. Je peux manger quelque chose ?

Lucy était affreusement timide. Pendant les mois qu'elle avait passés avec nous, elle n'avait jamais osé réclamer quoi que ce soit, pas même un verre d'eau, sans que je l'y incite. Le fait qu'elle me demande à manger avant de me dire bonjour m'intrigua.

— Bien sûr, répondis-je. Veux-tu un sandwich au beurre de cacahouètes ?

— Je peux avoir autre chose ?

Je me sentis ébahie. Nous avions coutume de dire, par plaisanterie, que Lucy ferait une excellente globe-trotter, car elle était capable d'ingurgiter des sauterelles grillées de peur de vexer son hôte. Jamais elle n'avait demandé à manger autre chose que ce qui lui était offert.

— Prends ce que tu voudras. Tu te sens bien, Lucy?

— Elle a simplement la nausée, fit Ellen. À cause du trajet en voiture...

Regard embarrassé de Lucy à sa mère, et de sa mère à moi.

— Ça va, mais j'ai un peu faim.

— Je m'en vais, petiote, marmonna Ellen. Donne un baiser à ta maman! Je t'appellerai ce soir avant que tu ailles au lit.

Postée à la fenêtre de la cuisine, Lucy regarda la voiture s'éloigner dans l'allée. Je sortis un reste de spaghettis du réfrigérateur, tout en l'observant du coin de l'œil. Elle s'assit à table, les épaules voûtées et les mains croisées sur les genoux. Karen trottinait autour de la pièce en essayant d'attirer son attention par son gazouillis de bébé et ses baisers baveux, mais son regard restait rivé au plancher.

Quand Sara et Angie revinrent à la maison, tout sembla rentrer dans l'ordre pendant un moment. Angie et Sara discutaient, Karen tomba et se fendit la lèvre, le téléphone sonna. Épongeant le sang d'une main, je pris le téléphone de l'autre et imposai le silence aux filles d'un regard perçant. Sara monta d'un pas lourd au premier étage et Angie s'occupa de Lucy.

L'apathie de celle-ci s'était en partie dissipée devant les restes que je lui avais réchauffés et grâce aux efforts méritoires d'Angie. Après avoir vidé un verre de lait et un second bol de spaghettis, elle semblait aller beaucoup mieux. Sans être bavarde, elle était prête à répondre à des questions directes.

Elle resta cependant d'humeur morose tout l'après-midi, et même une promenade au lac en fin de journée ne parvint pas à la dérider totalement. Je préférai attendre que toute ma marmaille soit au lit pour lui parler seule à seule dans la pénombre de la chambre.

Quand on parle à un enfant, l'essentiel est de choisir le bon moment! Si l'on cherche à aller trop vite, il vous rejette. En attendant trop longtemps, on court le risque de laisser passer l'instant propice. Je ne demandai pas à Lucy ce qui la contrariait : elle n'aurait probablement pas pu me répondre. Je ne lui demandai pas non plus si elle avait apprécié son séjour chez sa mère; une question aussi directe n'incite pas à une réponse honnête. Au moment d'entamer notre conversation, je me fiai à une méthode dont j'use souvent avec mes enfants : le jeu du Meilleur et du Pire.

Les enfants qui ont vécu des événements traumatisants ne savent pas toujours à quoi s'en tenir si personne ne les aide à assumer ou à relativiser leurs sentiments. Égocentrique par nature, un enfant s'imagine que les drames du monde des adultes le concernent personnellement. Si la police emmène son père après l'avoir menotté, il ne comprend pas que celui-ci a bu et s'est mal conduit. Il se figure que son père a bu par *sa* faute à lui, donc qu'il est responsable de son arrestation. Si personne ne lui parle de la crainte, de la colère et de l'embarras que l'on éprouve quand on voit l'un de ses parents emmené par la police, ces sentiments risquent d'affecter son comportement quotidien. Il deviendra coléreux et agressif, ou bien triste et boulimique.

Rien ne me révolte plus que de voir un enfant arriver avec un sac d'antidépresseurs ou de Ritaline, mais sans le nom d'un thérapeute à qui parler régulièrement. Le financement d'une psychothérapie est prévu, mais les enfants trop souvent déplacés y ont difficilement accès. Les assistantes sociales n'ont pas le temps de faire les trajets nécessaires, et beaucoup de familles d'accueil estiment que, pour quinze dollars par enfant et par jour, ce n'est pas de leur ressort.

J'ai cependant travaillé, au fil des ans, avec d'excellents thérapeutes, spécialistes des traumatismes infantiles, et je ne me suis jamais opposée à leurs méthodes quand j'ai eu la preuve de leur efficacité. J'ai donc emprunté l'idée du Meilleur et du Pire au thérapeute de Dan.

— On s'ennuyait vraiment sans toi, dis-je à Lucy quand je jugeai le moment venu. C'était le pire. Le meilleur était de t'acheter tes cadeaux d'anniversaire. Nous allons le fêter demain soir. Quelle est le meilleur de ta visite à ta maman?

— Le premier soir... Elle avait invité tous ses amis et elle avait acheté une langouste. J'ai eu une pince pour moi toute seule. Lenny m'a fait boire une gorgée de bière. C'était vraiment bien, mais ensuite les voisins se sont plaints du bruit. La police est venue et tout le monde a dû partir.

— C'était le pire?

Lucy resta perdue dans ses pensées une minute.

— Non. Le pire c'était quand ma maman et Lenny sortaient en me laissant toute seule à la maison. Je sais que je suis une grande fille, mais j'ai peur. Quand il y a des méchants à la télé, je crois toujours qu'ils vont venir chez moi.

— À neuf ans, Lucy, tu n'as pas vraiment l'âge de rester seule, surtout la nuit. Ta maman sortait beaucoup?

— À peu près chaque soir. Et j'en ai vraiment marre du beurre de cacahouètes; on n'avait rien d'autre à manger... Ma maman avait dépensé tout son argent le soir de mon retour, et elle ne pouvait plus rien acheter avant d'avoir reçu ses allocations.

— Tu ne m'as pas montré ce qu'elle t'a offert pour ton anniversaire.

— C'est dans mon sac. Tu veux voir?

Lucy prit son sac à dos sur la commode et me tendit deux tee-shirts noirs, manifestement des vêtements de garçon. Sur le devant de l'un je vis une motocyclette, et sur l'autre un cerf. Devant ces vêtements d'une propreté douteuse et même pas neufs, je ne sus que dire. Au risque de paraître outrageusement sexiste et démodée, je prétends ne jamais avoir rencontré une petite fille de neuf ans qui ne préfère pas du rose et du violet (de préférence des chatons scintillants) à des maillots noirs de garçon.

— Pour une fois, j'espérais qu'elle me ferait un joli cadeau, murmura rêveusement Lucy. Peut-être quelque chose de jaune...

Ces deux phrases me déchirèrent le cœur. Lucy, une adorable gamine, attendait si peu de sa mère. Peut-être quelque chose de jaune...

— Je pensais que le pire avait été de rentrer si vite.

Un peu plus, je disais « de rentrer à la maison ».

— Oh non! protesta Lucy. Ça ne m'ennuyait pas de rentrer. Je crois que ma mère en avait un peu marre de m'avoir avec elle.

— Pourquoi dis-tu cela?

— Ce type qui m'a déposée ici... elle l'a ramené un soir à la maison et je crois qu'elle voulait être seule avec lui. Il m'a fait sortir et je suis restée assise sur les marches pour les laisser tranquilles. Il m'a reproché d'être toujours dans leurs pattes...

— En tout cas, tu n'es pas dans mes pattes, et je suis bien contente de t'avoir ici.

— Kathy?

— Oui, ma chérie?

— Pourquoi ma maman ne m'aime pas?

J'ai pris une profonde inspiration. Cette question méritait une réponse honnête — mais aussi une réponse qui ne donnerait pas à Lucy l'impression d'être mal-aimée, ou indigne d'amour.

— Il ne s'agit pas de t'aimer ou non, Lucy, murmurai-je. Je crois que ta maman a eu une vie difficile et qu'elle n'a pas eu beaucoup d'occasions d'apprendre à devenir une mère.

— Elle va me reprendre chez elle?

— Je n'en suis pas sûre, ma chérie. Ta maman devait prouver aux services sociaux qu'elle était capable de s'occuper de toi. Ça n'a pas très bien marché... Elle t'a laissée seule, elle ne t'a pas nourrie correctement, elle a amené chez elle des étrangers qui auraient pu te faire du mal, et elle n'a tenu que quatre jours.

Lucy eut une intonation agressive que je ne lui connaissais pas.

— Tu n'es pas obligée de le répéter. Si

tu ne dis rien, j'aurai le droit d'y retourner.

— Ce n'est pas juste! objectai-je. Quand tu me racontes des choses pareilles, tu ne peux pas m'empêcher d'en parler à ton assistante sociale.

— Je ne veux pas être adoptée.

— Qui te dit que tu le seras?

— Je t'ai entendue expliquer à Sara que quand des enfants ne peuvent pas retourner chez eux, il faut quelquefois leur trouver une nouvelle famille. Il faut les adopter...

— Je te préviendrai quand tu devras y penser, conclus-je. Ce n'est pas encore le moment.

Après avoir déposé un rapide baiser sur le front de Lucy, je remontai sa couverture et continuai ma tournée de lit en lit.

Karen dormait, son ours en peluche serré sous son menton. Ses boucles humides auréolaient son visage aux joues écarlates. Une superbe petite fille. Je passai un doigt sur un filet de salive argentée qui courait du bord de ses lèvres à son oreiller.

Je m'approchai ensuite du lit d'enfant, poussé dans la soupente. Pendant un instant d'égarement, je me sentis incapable de me rappeler le nom de la fillette qui y dormait. Qui était-elle? Et pourquoi me l'avait-on confiée? Quand elle se tourna vers moi, tout me revint à l'esprit comme par miracle. Elle s'appelait Lorinda. À la suite d'une querelle de ménage, maman avait atterri à l'hôpital, et papa en prison. Sa tante viendrait la chercher le lendemain matin. Heureusement, car j'avais un autre petit enfant couché dans le salon, et ce lit m'était indispensable.

J'allai enfin voir Sara, que je trouvai les yeux grands ouverts selon son habitude.

— Sara, chuchotai-je, tu devrais dormir...

— Je dors jamais; ça me donne de mauvais rêves. Je reste éveillée et mes yeux se reposent de temps en temps.

Sara s'était un peu calmée, mais elle restait une fillette très difficile. Bruce et moi avions affirmé, à son grand regret, notre autorité sur tout ce qui se passait dans la maison. Cela ne l'empêchait pas de nous mettre à l'épreuve plusieurs fois par jour, car elle avait toutes les mauvaises habitudes des enfants victimes de mauvais traitements. Elle souillait son linge et barbouillait les toilettes d'excréments. Elle s'égratignait le visage jusqu'au sang. Elle aguichait tous les hommes qui se trouvaient sur son chemin. Pis encore, elle cherchait à entraîner les jeunes enfants dans des jeux sexuels.

J'étais donc constamment sur le qui-vive, mais il y avait aussi des points positifs. Sara était très intelligente et d'une drôlerie imprévisible. Sous ses apparences butées, elle cachait un cœur tendre qui m'émouvait. Absorbée dans une tâche ménagère, il m'arrivait de lever les yeux et de la surprendre en train de m'observer, comme si elle se demandait à quel jeu je jouais. Elle répondait spontanément à mon sourire, avant de détourner son attention. Elle avait en fait un tempérament joyeux, et savait apprécier des activités qui laissent indifférentes la plupart des petites filles. Préparer un gâteau ou se pelotonner sur elle-même pour écouter une histoire lui procurait un plaisir qu'elle me communiquait.

— Il est temps de dormir! répliquai-je. Si tu penses à une chose extrêmement agréable, ça t'aidera peut-être à chasser tes mauvais rêves...

— Pourquoi tu nous aimes, Kathy? On est même pas tes *vrais* enfants, et nos *vraies* mamans ne veulent pas de nous.

Nous avions déjà eu ce genre de conversation et je m'en étais tirée sans gloire. Comment expliquer la pauvreté et l'addiction à la drogue lorsque l'on s'adresse à un enfant de six ans? Que dire de la maladie mentale et de la violence? Les enfants que j'accueillais chez moi en savaient déjà assez long à ce sujet pour que je juge inutile d'en rajouter.

— Des gens qui ont besoin les uns des autres ont parfois la chance de se rencontrer, observai-je. Je suis très heureuse que tu sois ici!

— Est-ce que la petite souris existe?

Ce n'était pas exactement la question à laquelle je m'attendais...

— Aurais-tu perdu une dent?

Sara passa la main sous son oreiller et me tendit un petit paquet enveloppé de papier.

— Neddy m'a dit que si je mets ma dent sous mon oreiller, la petite souris m'apportera un dollar. Je ne veux pas qu'elle vienne dans mon lit, mais j'aimerais bien avoir un dollar.

— Pas de problème! répliquai-je. Tu me donnes ta dent, je te donne un dollar, et on se passe de la petite souris si tu préfères.

Sara parut soulagée.

J'entendis le téléphone sonner au rez-de-chaussée. À cette heure tardive, c'était sans doute un appel pour l'un de nos adolescents. Je prolongeai ce moment d'intimité avec Sara, contente de ne pas avoir eu à discuter de l'inutilité de se transpercer le corps à l'aide d'épingles de nourrice.

Quelques minutes après, Bruce apparut sur le pas de la porte. Sa mine n'augurait rien de bon.

— Que se passe-t-il? demandai-je d'un ton que je réserve habituellement à mon dentiste.

— Miguel, de la hot line, a besoin de nous... Sunny et David l'ont prié de venir immédiatement chercher Dan. Il aurait molesté leur nièce...

— Que lui as-tu dit?

Ma question était inutile, car j'avais deviné sa réponse.

— Je lui ai dit que nous pouvions l'accueillir... en attendant qu'ils aient trouvé autre chose.

Bruce croisa mon regard.

— Je sais, Kathy, mais que pouvais-je faire? Personne d'autre n'aurait voulu de lui, et il se fera dévorer vivant si on l'envoie dans un foyer. Je n'avais pas le choix.

8

Bruce avait raison : Dan ne pouvait pas aller ailleurs. Le petit garçon à qui nous avions dit adieu six semaines plus tôt revint chez nous, mais il n'était plus du tout le même.

Chaque fois qu'un enfant est déplacé d'une famille à une autre, quelles que soient la nécessité du changement et les bonnes intentions de la personne qui a pris cette décision, il perd une part de lui-même. Un peu de son amour-propre — un sentiment dont il n'a pas été généreusement doté.

Dan revint avec toutes ses affaires entassées dans un sac-poubelle vert. Aurait-il été si difficile de les plier soigneusement dans un carton ? Peut-être était-ce trop en demander à David et

Sunny, après la semaine qu'ils venaient de passer.

Nous leur avions signalé les problèmes d'alimentation, les problèmes de propreté et les problèmes sexuels de Dan, mais ils avaient jugé nos recommandations ridicules et excessives. Selon eux, aucun gosse ne pouvait être assez mal en point pour nécessiter le niveau de surveillance que nous préconisions. Ils avaient donc traité Dan comme un quelconque gamin de neuf ans, autorisé à vagabonder dans les environs, sans contrôle ni protection. Le résultat final était à la fois désastreux et prévisible.

La boulimie de Dan n'avait pas décru malgré un accès libre à la cuisine. Elle s'était même aggravée au point qu'il mangeait pratiquement tout le temps. Jamais rassasié, il allait fouiller dans les ordures des voisins, scandalisés. Il n'avait pas cessé de se souiller sous prétexte que Sunny l'avait gentiment prié de faire usage des toilettes, en lui promettant une bicyclette neuve s'il se contrôlait pendant une semaine. Il avait renoué avec sa vieille habitude de cacher son linge sale, roulé en boule, dans différents recoins de la maison.

Hors de toute surveillance, Dan n'avait pas tardé à avoir maille à partir avec les enfants du voisinage. Le téléphone des Peterson sonnait sans cesse, car les gens se plaignaient. Dan avait frappé un enfant, donné des coups de pied ou des coups de poing...

Les Peterson se seraient peut-être débrouillés avec Danny un peu plus longtemps s'il n'avait commis un dernier acte impardonnable. Lors d'une réunion de famille, on l'avait laissé jouer tout seul avec un groupe d'enfants, et il avait molesté la nièce de Sunny, âgée de deux ans.

David avait eu du mal à contenir la fureur du père de la fillette, tandis que Sunny alertait les services sociaux et rassemblait à la hâte les affaires de Danny. Ils n'avaient pris ni le temps ni la peine de discuter avec lui de ce qui s'était passé avant de le mettre dehors.

Lorsqu'il nous revint, Dan était manifestement différent de l'enfant qui nous avait quittés six semaines auparavant. Il avait toujours fait preuve d'une certaine gentillesse, ce qui nous permettait de lui pardonner ses comportements les plus désagréables, de le supporter et même de nous attacher à lui. Cette gentillesse avait laissé la place à une nervosité à la limite de la rage. Pour la première fois en près de deux ans, il me faisait presque peur.

Celle-ci se manifesta d'une manière insidieuse et j'appris une chose dont j'aurais dû avoir conscience : c'est moi qui donne le ton chez moi et mes enfants modèlent leur comportement sur le mien. Quand je laissais poindre mon animosité à l'égard de Dan (je cédai d'ailleurs à cette impulsion beaucoup plus qu'il n'eût été souhaitable), tous mes gosses s'empressaient de suivre mon exemple. Des enfants comme les miens, n'ayant pas une très haute idée d'eux-mêmes, adorent se sentir supérieurs. Dan était donc une cible idéale. Si Sara, Angie, Ben et même Lucy naviguaient entre l'indifférence et la malveillance à son égard, j'étais totalement fautive.

Il était près de onze heures du soir quand Dan arriva. Bruce et moi l'installâmes dans un sac de couchage, sur le plancher du salon. Vu les circonstances, nous avions jugé préférable de le faire dormir à distance des petites filles et en un lieu où il nous serait facile de le surveiller. Sara fut la première à le découvrir et sa réaction fut tout sauf chaleureuse.

— Qu'est-ce qu'il fait là ? s'étonna-t-elle. Je croyais qu'on s'était débarrassés de lui.

— Sara, rétorquai-je, on ne se débarrasse jamais d'un enfant ! Dan était dans une autre famille, mais ça n'a pas marché. Il restera chez nous tant qu'on n'aura pas trouvé une meilleure solution.

— Il pue le pipi et je ne veux pas m'asseoir à côté de lui !

— Tu vas t'asseoir à l'endroit que je t'indiquerai et cesser d'être grossière. Danny, sors des vêtements propres de ton sac, pendant que je mets la douche en route pour toi.

Dan me jeta un regard noir.

— Je veux d'abord manger.

— Après ta douche, tu pourras manger.

— Non.

Le « non » de Dan s'accompagnait d'un regard noir.

Il ne m'avait jamais provoquée ouvertement jusque-là, et j'hésitai sur la conduite à adopter. Par chance, avec Dan, la nourriture était toujours un argument de poids.

— J'espère qu'il restera des œufs après ta douche, observai-je. N'attends pas trop longtemps, sinon il n'y en aura peut-être plus.

Dan fit la moue, mais ne bougea pas, et je l'entendis marmonner entre ses dents : « Salope. »

Si j'avais dormi un peu plus la nuit précédente, si je ne m'étais pas trouvée face à sept enfants de moins de dix ans, confinés à la maison par un jour pluvieux, si je n'avais pas été furieuse à cause de toute cette histoire, j'aurais probablement laissé passer. Mais j'étais lasse, tendue et frustrée, c'est pourquoi j'ai réagi immédiatement.

— Écoute, rétorquai-je, c'est toi qui mouilles ton lit et pas moi. C'est toi qui sens mauvais et qui as molesté un enfant... File sous ta douche!

Ma voix s'amplifiait à chaque phrase, et j'achevai ma tirade en hurlant littéralement. Les aînés semblaient quelque peu surpris, et les deux petits, qui me connaissaient à peine, devaient se demander s'ils étaient tombés dans une maison de fous.

Tandis que je me donnais en spectacle en affrontant un gamin de neuf ans, attardé mental, la pauvre Lorinda sanglotait dans les bras d'Angie. Lucy se mordait les lèvres en essayant de réconforter Tammy, une fillette de deux ans arrivée la veille. Bruce était parti depuis longtemps et cela valait mieux. Je n'étais certainement pas à mon avantage...

Je dois avouer que la situation ne s'améliora guère après cette matinée difficile. Les derniers jours de l'été furent assombris par ma colère qui rebondissait, comme du pop-corn, de Dan aux Peterson, des Peterson aux services sociaux, et de ceux-ci à moi-même. Encore aujourd'hui, je me souviens de ma fureur, mais je garde tout de même de cette période quelques bons souvenirs que je peux évoquer avec le sourire.

Un après-midi, j'emmenai les enfants au lac pour échapper à la chaleur torride du mois d'août. Dan n'aimait pas l'eau, mais creusait avec plaisir dans le sable. Sara, éprouvant la même aversion pour le milieu aquatique, avait rejoint Dan sur la plage avec des seaux et des pelles. Pour une fois, ils jouaient ensemble, sans l'agressivité et les sous-entendus sexuels que je redoutais de leur part. Lucy, Angie et Neddy adoraient l'eau, et le lac était leur lieu favori. Karen, Lorinda et Tammy s'éclaboussaient avec enthousiasme dans les eaux peu profondes et s'évertuaient à attirer mon attention en m'enlaçant de leurs mains humides et couvertes de sable.

Nous n'avions aucune envie de partir, mais des nuages menaçants se profilaient à l'horizon. Je rassemblai serviettes, ballons de plage et enfants pour rentrer rapidement à la maison. À notre arrivée, les premières gouttes de pluie martelaient le pare-brise. Sans me préoccuper des serviettes encore humides, j'assistai alors, en compagnie des enfants, à un orage spectaculaire. Comme la plupart des orages de fin d'été, il fut bref mais violent, suivi d'une impressionnante chute de température et d'un soleil éblouissant.

— Regarde, Kathy, un arc-en-ciel! s'écria Lucy, debout sur le porche.

Un magnifique arc-en-ciel double traversait en effet le ciel, de l'autre côté de la grange.

Les enfants se rassemblèrent derrière la maison. Angie enlaçait Lucy et laissait son menton reposer sur le sommet de son crâne. Neddy balançait Karen sur l'une de ses hanches et avait attiré Tammy contre elle de sa main libre. Sara, bouche bée, s'était agenouillée dans l'herbe, légèrement à l'écart, et exhibait l'espace laissé vacant par l'une de ses incisives. Dan s'approcha de l'endroit où je me tenais, Lorinda dans mes bras. Au bout d'un moment, il tendit sa main en silence et la glissa dans la mienne.

L'espace d'un instant, il n'y eut plus que des enfants comme tous les autres, en train de regarder un arc-en-ciel.

Malgré cette merveilleuse journée, il nous fut impossible de tenir le coup. Puisque les problèmes de Danny mettaient en danger notre maisonnée, il devait partir au plus vite.

Nous patientâmes pendant environ deux semaines, Bruce et moi, en espérant qu'un miracle se produirait, mais aucune famille pouvant convenir à Dan ne se présenta. En désespoir de cause, son assistante sociale le fit admettre en foyer d'accueil spécialisé.

Ces foyers ont été créés en réponse au nombre croissant d'enfants inadaptés au système d'accueil traditionnel. Ils s'adressent à des enfants en général plus âgés, ayant souvent été hospitalisés à la suite de problèmes psychiatriques ou d'actes de délinquance. Bien que chaque foyer reçoive en fait beaucoup moins d'enfants que les familles d'accueil, ils touchent près de trois fois plus de subventions.

Une certaine animosité réciproque est apparue, car de nombreuses familles d'accueil estiment que ces foyers sont outrageusement subventionnés pour faire le même travail qu'elles, avec les mêmes enfants. Ils n'obtiennent pas de meilleurs résultats et procèdent à des déplacements aussi fréquents. Néanmoins, ils prétendent mériter un traitement de faveur, sous prétexte qu'ils admettent des enfants dont personne ne veut et pour lesquels le placement en familles d'accueil a été un échec. Il y a à prendre et à laisser dans ces arguments.

Vu l'urgence de son cas, Dan fut placé en priorité sur la liste d'attente, et après un laps de temps assez bref, je me retrouvai à faire ses bagages en vue d'un nouveau départ. Il n'y eut ni période de transition, ni préparatifs, ni perspective d'amélioration. Dan était tout simplement ballotté d'un endroit à un autre.

Cet été-là, de nombreux changements survinrent. Mes aînés entamaient leur vie d'adultes et s'éloignaient de la maison. Neddy abordait une adolescence houleuse, et chacun des enfants qui m'étaient confiés allait traverser une période de crise au cours des mois suivants.

À son retour du camping, Ellen constata que son assistante sociale, tenant parole, avait obtenu du tribunal un mandat de tutelle, ainsi qu'une audience en vue d'un placement permanent. Après un placement volontaire et provisoire, Lucy se trouvait donc maintenant en instance d'adoption. Bien qu'elle m'ait offert la garde définitive de sa fille, deux semaines auparavant, Ellen protesta violemment. Une jeune avocate féministe lui fut attribuée d'office et elles cherchèrent ensemble à arracher Lucy, par tous les moyens, aux services sociaux. Ceux-ci ne l'entendaient pas de cette oreille. Ils supposèrent qu'Ellen capitulerait pour éviter de comparaître devant les tribunaux. Et même si elle tenait bon, les preuves de sa négligence persistante suffiraient à lui faire perdre la partie. Ses droits de visite furent limités à une par mois, sous contrôle.

Il m'incombait d'annoncer à Lucy ce

changement de statut. J'aurais préféré ne pas me charger de cette tâche, pour laquelle je ne me sentais nullement qualifiée, mais Lucy n'avait pas de relations suivies avec son assistante sociale, et ce n'était pas le genre de nouvelle que pouvait lui annoncer une quasi-étrangère.

Bruce emmena les plus jeunes au lac pour nous procurer un moment en tête-à-tête. Préparer du pop-corn ou des cornets de glace me sembla vain. À quoi bon une telle mise en scène si l'on doit briser le cœur d'un enfant?

Lucy et moi nous assîmes côte à côte sur le canapé. Le soleil couchant dardait ses rayons à travers le salon. Après avoir cherché vainement quelques mots d'entrée en matière, je décidai d'aller droit au but.

— Lucy, te souviens-tu de notre conversation au sujet des gens qui s'intéressent à toi? Tu as une assistante sociale et maintenant un avocat. Tu nous as, Bruce et moi...

— J'ai ma maman aussi. Elle m'aime plus que n'importe qui...

Lucy parlait d'une voix émue; elle aurait tant souhaité croire en l'amour de sa mère.

— Elle t'aime, Lucy, répliquai-je, mais une mère ne peut pas se contenter d'aimer. Elle doit savoir s'occuper de ses enfants et leur donner la priorité sur tout le reste. Voilà le problème de ta maman : elle ne pense pas toujours à te donner la première place et à te protéger. Ton assistante sociale s'inquiète, et elle se demande si ta maman n'a pas besoin de grandir encore un peu avant d'être capable de se comporter comme il faudrait.

— Ça veut dire que je dois rester plus longtemps dans une famille d'accueil? Je croyais que je pourrais rentrer chez moi avant d'aller à l'école.

— Justement, il faut te trouver dès maintenant une famille qui s'occupe de toi en attendant que ta maman grandisse.

Lucy baissa la tête et je ne pus distinguer son expression. Elle pleurait certainement, car ses épaules s'étaient mises à trembler, et elle avait caché son visage entre ses mains.

— Tu m'as comprise ? ajoutai-je.

Pour toute réponse, Lucy émit un petit sanglot étouffé. Quand je posai une main sur son bras pour essayer de l'attirer vers moi, elle esquissa un mouvement de recul.

Ne sachant que faire, je la laissai pleurer pendant quelques minutes, perdue dans son chagrin.

— Je ne veux pas qu'on m'adopte, m'annonça-t-elle enfin.

— Je comprends que tu aies peur, mais rappelle-toi comme tu étais craintive à ton arrivée ici ! Tu as à peine ouvert la bouche la première semaine, et maintenant nous nous entendons tous bien, comme une vraie famille. Cela peut recommencer... Tu pourras t'attacher à une autre famille, tout en continuant à aimer ta maman.

— Et si je restais ici ? Tu pourrais me garder jusqu'à ce que ma maman ait grandi. Ça fait rien si ça dure longtemps ; j'attendrai... Je ne connais pas d'enfants adoptés...

— Mais si ! Angie et Neddy le sont... Au début, elles étaient placées temporairement. Leur maman non plus n'a pas pu s'occuper d'elles, il a donc fallu leur trouver une nouvelle famille.

— C'est différent. Elles n'ont pas l'air adoptées; elles existent pour de vrai.

— Toi aussi, Lucy, tu existes pour de vrai. Adoptée ou pas, c'est une simple étiquette!

— Je ne sais pas qui je suis. J'ai l'impression de n'être plus personne. Je veux rentrer chez moi...

— Tu seras *chez toi*, Lucy. Peut-être pas dans la famille de tes rêves, mais tu auras pour toujours une famille qui veillera sur toi.

Je me suis sentie mal à l'aise après avoir parlé ainsi. En effet, malgré mes bonnes paroles, je n'avais aucune certitude concernant l'avenir de Lucy. Le processus allait être pour le moins complexe. On lui attribuerait une « responsable d'adoption » qui, selon le nombre de cas à traiter, mettrait de deux semaines à six mois pour lui trouver une famille adoptive appropriée. Au même moment, le service juridique de la DSS établirait son dossier en vue du jugement. Lucy serait probablement placée en « pré-adoption », sans aucune certitude quant au verdict. Elle et sa nouvelle famille essaieraient donc d'établir des liens longtemps avant que la déchéance des droits parentaux d'Ellen ne soit prononcée.

La seconde raison de mon malaise était absolument personnelle : Bruce voulait garder Lucy. Les autres enfants, Angie en particulier, auraient accueilli avec joie une nouvelle sœur. Je suppose que Lucy nous aurait été reconnaissante de prendre son avenir en main, et qu'Ellen aurait cédé plus volontiers si nous avions été sa famille adoptive. Je dois avouer que dans ce contexte idyllique, j'étais la seule ombre au tableau. J'aimais Lucy comme tous les enfants dont j'ai la garde. J'appréciais sa personnalité et sa manière de se comporter. Pourtant, j'avais beau faire, elle ne m'inspirait pas le même sentiment profond que Neddy, Angie et Karen. Je croyais sincèrement qu'elle avait droit à cela. Elle méritait d'avoir une mère qui l'aimerait comme j'aimais Karen, elle méritait de devenir l'enfant bien-aimé qu'elle ne serait jamais pour moi.

Bruce me comprenait. Il admettait même qu'adopter Lucy ne serait peut-être pas la meilleure solution pour elle, et il ne m'a jamais taxée d'égoïsme. Mais j'ai constaté maintes fois qu'il m'est impossible d'accomplir ma tâche quotidienne sans éprouver une énorme culpabilité à propos de tout ce que je ne peux pas donner aux enfants que j'ai pris sous mon aile.

Lucy n'était pas la seule à être dans une période de transition; Sara se trouvait dans le même cas. Sa mère se conduisait à peu près correctement quand elle avait ses enfants avec elle, mais perdait tout de suite les pédales en leur absence.

Pendant les six mois écoulés depuis l'arrivée de Sara chez nous, Sharon avait emménagé avec Bob dans un État voisin, séjourné dans un foyer pour femmes battues, fait une tentative de suicide suivie d'une hospitalisation, puis s'était mise en ménage avec un autre homme. D'après ce que Nora avait entendu dire, elle vivait maintenant quelque part dans le Sud, en

Floride ou au Texas. Après une dernière visite à ses enfants, elle avait disparu.

La procédure de déchéance des droits parentaux était en cours. Il n'y aurait pas eu de contestation — car Sharon avait effectivement abandonné ses enfants — si le père de Sara n'avait réagi. Il était prêt à renoncer à ses droits sur les aînés, mais il voulait garder Sara. Étant donné que la fillette n'avait jamais pu témoigner devant les tribunaux des sévices physiques et sexuels qu'il lui avait infligés, il n'avait jamais été arrêté et encore moins inculpé. Cet homme était malin. Il savait que Sara n'oserait pas parler devant une salle comble de ce qu'elle avait subi, et il entendait obtenir gain de cause.

Je n'ai guère rencontré d'enfant aussi détaché de ses parents ou de ses frères et sœurs que Sara. Elle ne faisait jamais de photos pour eux et ne demandait pas à les voir quand elle était malade. Il lui arrivait très rarement de m'interroger sur les causes de leur disparition quasi totale, et elle ne me questionna pas une seule fois sur l'éventualité d'une prochaine visite.

Cela me semblait assez étrange et très préoccupant. Je m'y connaissais peu en matière de désordres affectifs, mais Sara me mit à la page. Son absence de surmoi et son indifférence absolue aux critères habituels de bonne conduite me rappelaient beaucoup Dan. Comme lui, elle martyrisait les animaux et maltraitait les enfants plus petits qu'elle. Elle se griffait jusqu'au sang et s'arrachait les cheveux, mais je n'avais pas perdu tout espoir à son sujet : contrairement à Dan, Sara semblait avoir envie de changer. Je pensais qu'elle changerait et je sentais qu'elle m'aimait.

Ce point de vue n'avait aucun fondement rationnel. Je me fiais uniquement aux rares instants où nos regards, en se croisant, me donnaient un aperçu de la petite fille qui se cachait derrière ces yeux noisette. À l'improviste, je la surprenais à bercer une poupée à laquelle elle fredonnait une mélodie que j'avais chantée à Karen. Par un après-midi pluvieux, j'avais emmené tous les enfants faire des bulles de savon derrière la maison. L'air était empli de centaines de sphères irisées et, au milieu de ce tourbillon féerique, Sara arborait une expression littéralement ravie.

Je vivais pour ces instants. Sara représentait beaucoup plus pour moi qu'une lourde tâche et d'innombrables soucis. Voilà pourquoi je me demandais comment je pourrais la laisser partir un jour.

Comme si mes soucis concernant Sara, Danny et Lucy ne m'avaient pas suffi, je vivais dans l'angoisse de perdre Karen. Bonnie avait repris ses visites. Logée dans un bon foyer familial, elle était sobre et rangée pour la première fois depuis sa grossesse. L'adoption de Karen restait l'objectif poursuivi, et le jugement devait avoir lieu fin octobre, mais je n'avais aucune certitude sur son issue. Il m'arrivait de m'inquiéter sérieusement car, à l'époque, le retrait des droits parentaux ne reposait pas comme aujourd'hui sur l'intérêt majeur de l'enfant, mais sur l'aptitude des parents à s'occuper de celui-ci. Selon ce critère, si Bonnie restait sobre et rangée, si elle avait un logement acceptable — même en foyer — et si elle continuait à rendre régulièrement visite à sa fille, il était clair qu'elle obtiendrait l'autorisation de la reprendre.

Mon dilemme se présentait de la manière suivante : si Bonnie se comportait correctement, elle aurait la possibilité de récupérer sa fille, alors que le vrai problème se situait ailleurs. Karen avait passé plus de la moitié de sa vie chez nous, sans faire de visites régulières à sa mère, la plupart du temps. Elle ne gardait aucun souvenir d'une période antérieure. Sa famille selon son cœur était la nôtre et elle me considérait à tout point de vue comme sa mère. Fallait-il la priver de sa famille biologique sous prétexte que nous étions plus fortunés et plus stables ? Ou bien valait-il mieux nous l'arracher, sous prétexte que sa mère semblait se ressaisir ? Pouvait-on, en toute honnêteté, la rendre à une mère très fragile, vivant en foyer, pour éviter qu'elle s'attache encore plus à sa famille d'accueil ? Je me débattais quotidiennement avec ce genre de questions.

Si je n'étais pas prête à admettre un départ périlleux pour Karen, comment aurais-je pu dormir tranquille en sachant que j'envoyais Lucy vivre avec des étrangers ?

Le fait que la décision finale ne dépendait pas de moi me procurait un certain soulagement. J'aurais beau donner mon avis et plaider ma cause de mon mieux, les juges auraient le dernier mot et je ne pourrais que m'incliner.

On m'avait priée d'amener Karen à Bonnie chaque semaine, et je ne saurais dire qui souffrait le plus de ces visites.

Entre le moment où je la soulevais de son siège de voiture et celui où je la confiais à sa mère, Karen s'exprimait par des hurlements ininterrompus. Bonnie devait souffrir elle aussi le martyre quand sa fille, en larmes, suppliait « sa maman » de revenir. Après avoir déposé Karen, je me retrouvais systématiquement en train de sangloter dans ma voiture.

Devant ces adieux déchirants, le personnel d'encadrement du foyer devint moins hostile à mon égard, de semaine en semaine.

Pendant cette période troublée, je pus

m'adresser à l'assistante sociale chargée de superviser les familles d'accueil. Plus accessible que ses collègues responsables de chaque enfant individuellement, Susan me fut d'un grand secours.

Les assistantes sociales croulent sous le poids de familles en état de crise aiguë. Elles doivent, fatalement, consacrer l'essentiel de leur temps et de leur énergie aux urgences les plus flagrantes. En raison de notre caractère indépendant, nous devions donc nous débattre bien souvent, Bruce et moi, avec des problèmes qui auraient nécessité une aide extérieure.

J'avais réellement besoin d'aide, car je tenais à faire du bon travail! Je mettais mon point d'honneur à m'occuper le mieux possible de ces enfants difficiles, dont personne d'autre ne voulait. Mais à force de me battre pour répondre à leurs besoins, j'avais l'impression d'entamer de plus en plus mon propre capital émotionnel. Bruce pouvait compter sur son travail pour le distraire et les aînés allaient en classe, alors que j'étais chaque jour en première ligne. Mon stress devenait évident.

Allais-je finir par ressembler à ces automates qui regardent avec indifférence les enfants arriver et repartir, sans rien changer à leur comportement?

Si je voulais continuer à m'occuper d'enfants en péril, j'avais besoin de nouveauté pour recharger mes batteries. Même un travail à temps partiel ne semblait pas envisageable, étant donné mon emploi du temps et le fait que j'avais une formation axée sur la petite enfance. Je n'aurais souhaité pour rien au monde travailler dans un foyer d'accueil, mais je devais à tout prix trouver un moyen de sortir occasionnellement de chez moi pour faire autre chose que changer des couches.

J'abordai ce sujet à l'occasion de la visite bimensuelle de Susan. Elle me fit deux suggestions. La première était de m'inscrire à un stage de trente-quatre heures qui m'autoriserait à diriger la formation exigée de toutes les familles d'accueil et adoptives. Cette formation est donnée par deux assistantes sociales et un parent d'accueil ou adoptif expérimenté.

J'avais du mal à me considérer comme telle, car je doutais bien souvent de moi-même, mais je remplis la demande dès que je l'eus reçue par courrier, et c'est avec plaisir que j'appris mon admission au stage suivant.

La seconde idée de Susan était plus une requête qu'une suggestion. Les services sociaux de chaque secteur étaient censés désigner un parent d'accueil, expérimenté lui aussi, comme « agent de liaison » entre eux-mêmes et les familles d'accueil. Celui-ci avait pour mission d'assister les familles accusées de maltraiter les enfants sous leur garde, et d'aider les familles d'accueil débutantes à se procurer les informations et les adresses nécessaires. Le dernier agent de liaison avait démis-sionné quelques semaines plus tôt, et per-sonne n'était candidat à sa succession. Sachant que cette besogne pouvait s'effec-tuer essentiellement par téléphone, j'acceptai de faire un essai.

Aucune de mes nouvelles fonctions n'était très lucrative, mais elles me pro-curaient une diversion que j'appelais de tous mes vœux. Je rendrais des services appréciables et je serais plus souvent en compagnie d'adultes, tout en fixant mon emploi du temps moi-même et en travaillant avec des gens prêts à admettre la priorité de mes enfants.

Ces nouvelles fonctions me permirent de faire acte de présence, une heure ou deux par semaine, dans les bureaux des services sociaux. J'entendais parler de ce qui se passait sur le front politique, au lieu de l'apprendre après coup par les journaux. D'après la rumeur, de grands changements s'annonçaient. Ces changements, concernant les services rendus aux enfants et aux familles, auraient, disait-on, un impact direct sur toutes les personnes chargées de l'accueil. Des bruits sans fondement avaient déjà couru, mais on avait de bonnes raisons de croire qu'il y aurait vraiment du nouveau cette fois-ci.

Neuf enfants à la charge des pouvoirs publics étaient morts l'année précédente; onze un an avant. Les enfants en famille d'accueil sont ordinairement les orphelins invisibles d'un système surchargé, mais nous vivons dans un État de petite taille; ces vingt décès en deux ans avaient fait scandale et des appels au changement résonnaient tous azimuts.

La plupart des services sociaux connaissent de temps à autre ce genre de crise, dont le résultat n'est guère probant. L'un des problèmes auxquels se heurte toute réforme profonde du système tient, selon moi, à l'élitisme : bon nombre d'individus n'ont pas la moindre notion de la vie menée par les marginaux. Ils ont tendance à croire que les victimes de la pauvreté, de la drogue et de la maladie mentale n'ont qu'à se prendre en main pour arriver à s'en sortir. Si elles ne font pas l'effort nécessaire, tant pis pour elles!

Les enfants et les personnes chargées de s'en occuper font néanmoins naître une certaine compassion. La société s'apitoie sur les plus jeunes victimes et celles qui ont souffert de la plus grande maltrai-tance. Personne ne jetterait la pierre à des gosses persécutés. Mais dès que ceux-ci atteignent l'âge scolaire et commencent à engloutir les crédits limités de l'éducation spécialisée, la compassion se dissipe. Et quand surviennent les problèmes majeurs de ces enfants maltraités et que les services psychiatriques ou la justice s'en mêlent, il est inutile de se faire des illusions sur la sympathie qu'ils inspirent. Au moment de la puberté, leur statut d'innocentes créatures passe à celui de délinquants potentiels. Toute véritable réforme est entravée par cette perception négative des plus démunis et des programmes en leur faveur. Les services sociaux sont censés se débrouiller sans exiger trop de crédits.

Cette année-là, la réforme porta simultanément sur deux points. Le nombre d'enfants autorisé dans chaque famille d'accueil passa de huit à six, dont quatre au maximum en plus des enfants « biologiques ». En outre, toutes les familles durent se soumettre à une évaluation complète, afin d'éliminer les pires. En douze mois, cinq cents d'entre elles furent rayées des listes de notre État.

Bien que salutaires, ces mesures ne

tenaient pas compte de la réalité. Bonnes ou mauvaises, les familles d'accueil étaient déjà débordées et il n'y avait jamais un lit vacant. Éliminer les mauvaises familles et réduire le nombre d'enfants par foyer semblait fort sage; cette décision éludait toutefois une question essentielle : que faire des enfants?

La réponse immédiate était de réduire le nombre des placements en famille d'accueil et de hâter le processus d'adoption quand il était en cours. Mais laisser les enfants dans leur famille biologique supposait le recours à des services qui soit n'existaient pas, soit ne fonctionnaient qu'avec de longues listes d'attente. Les prestataires de services imposaient souvent aux familles marginales des obligations trop lourdes pour elles.

Déclarer en réunion que la famille Simon a besoin d'une thérapie familiale, d'une garderie et d'un logement peu coûteux est une chose. Faire toutes les démarches et prendre les rendez-vous quand celle-ci n'a ni téléphone ni voiture, et que la mère déprime trop pour sortir de son lit en est une autre. Par conséquent, une bonne part de ce qui devait préserver l'intégrité familiale restait du domaine de l'illusion. Un fantasme, pour une famille en détresse.

Recruter de nouvelles familles d'accueil était alors et demeure un problème. Accueillir un enfant chez soi risque de troubler considérablement l'équilibre familial. On a tendance à considérer les parents d'accueil comme des saints, ou au contraire comme des moins que rien. En d'autres termes, on ne dépasse pas le stade des éloges ou des insultes, et c'est ne tenir aucun compte de la réalité.

Cela nous conduit à parler argent — un sujet brûlant, quel que soit le bord où l'on se situe d'un point de vue politique.

L'argent n'a pas la même signification pour tout le monde. Pour certains, il est synonyme d'une accumulation de biens matériels : voitures, mobilier et gadgets électriques dernier cri. Pour d'autres, c'est un gage de sécurité : chaque centime est économisé en prévision de jours plus sombres. Pour Bruce et moi, l'argent signifie la faculté de choisir. Nous ne nous intéressons guère aux voitures et aux meubles. Pendant des années, nous nous sommes contentés d'un vieux canapé défoncé. Nous ne songions même pas à le remplacer... jusqu'au jour où un gosse de la hot line, entrant dans notre salon, s'est écrié avec une évidente sincérité : « Oh! je suis désolé! Vous avez l'air très pauvres. » Après avoir ri de cette remarque, nous avons acheté quelques meubles neufs.

Néanmoins, notre priorité n'est pas là. Je tiens avant tout à rester chez moi, car ma brève expérience d'un travail à plein temps a laissé un mauvais souvenir à chacun de nous. Mon salaire mensuel ne compensait pas l'angoisse de trouver une solution dès que l'un des enfants tombait malade. J'aime pétrir mon pain moi-même et m'occuper de ma maison. J'aime jardiner et faire sécher mon linge en plein air.

Quand nous sommes devenus une famille d'accueil, nous avons aussi eu certaines priorités concernant les enfants sous notre toit. Offrir à un enfant des conditions de vie équivalentes à la normale est souvent la meilleure thérapie. Son premier but marqué au base-ball a nettement plus sécurisé Lucy que des heures de discussion. Les cours de danse et les stages de foot comptent beaucoup, mais l'État ne les finance pas. Nous assumons cette charge, Bruce et moi. D'autre part, la plupart des enfants que nous accueillons ont souffert de malnutrition. Puisque la qualité de leur alimentation est essentielle, je leur achète des céréales complètes, du lait biologique et des œufs de poules élevées en plein air.

Les enfants « placés » se sentent toujours différents et nous pensons donc, Bruce et moi, qu'ils ne doivent pas se singulariser par leur apparence extérieure. Bien que je leur achète beaucoup de vêtements d'occasion, je m'arrange pour qu'ils aient toujours un habillement soigné et seyant. Je dépense plus que les crédits qui me sont alloués tous les trois mois pour leur garde-robe, et j'estime que c'est un investissement valable : des enfants mieux dans leur peau obtiennent de meilleurs résultats.

Nous aurions pu mener une vie totalement différente. Nous aurions pu avoir plus de loisirs et plus d'aisance matérielle, mais je ne pense pas que nous aurions été plus heureux. Nous avons toujours fait et continuerons à faire ce que nous voulons. Nous sommes libres de nos choix.

Je ne suis pas satisfaite pour autant des allocations accordées aux familles d'accueil. Certaines personnes paient plus pour la pension d'un chien que la somme que perçoit une famille responsable d'un enfant perturbé. N'est-ce pas honteux ? On peut élever un enfant avec quinze dollars par jour, mais on ne devrait pas en arriver là. Une telle situation en dit long sur ce que notre société pense de notre rôle de parents et de la valeur des enfants.

Cette année-là, l'administration de l'État du Massachusetts envisagea la possibilité d'accroître nos allocations d'un dollar par jour. En attendant, je continuais à m'occuper de mon mieux de Lucy, Karen, Sara et de tous les autres enfants apparus sur le pas de ma porte. Après une journée particulièrement dure, j'appelai une politicienne locale violemment opposée à cette augmentation, et je l'invitai à dîner chez moi. J'espérais lui donner ainsi une occasion précieuse de juger sur le vif. Elle déclina mon offre avec politesse, mais fermeté.

Certaines de mes amies — et collègues — étaient politiquement très actives à l'époque. Tout en comprenant l'intérêt de leur attitude, je ne suivis pas longtemps leur exemple. Les enfants avaient besoin de services de meilleure qualité, les assistantes sociales étaient surchargées, et les familles d'accueil ne disposaient pas des crédits suffisants, mais je n'avais aucune envie d'écrire des lettres, de téléphoner à des politiciens et d'assister à des meetings. Je voulais simplement m'occuper de mes gosses.

J'avais renoncé à mon projet de me consacrer aux fillettes victimes de violences sexuelles. Je possédais une bonne expérience dans ce domaine, et un certain nombre d'entre elles ne trouvaient pas, hélas! de famille d'accueil, mais je ne pouvais en aucun cas offrir à plus d'un ou deux enfants le niveau d'investissement personnel exigé par Sara. C'était épuisant sur le plan moral. Sara éprouvait le besoin de me raconter jour après jour et presque chaque nuit l'histoire de sa vie. Bien que la ligne directrice ne changeât jamais, elle ajoutait parfois des détails qui rendaient son récit difficilement supportable.

Mon imagination débordante me posa une fois encore un problème majeur. Je fus tourmentée un moment par d'affreux cauchemars au sujet de pièces emplies de bébés abandonnés et hurlants. J'étais censée m'en occuper, mais le réfrigérateur était vide et je ne trouvais pas une goutte d'eau. Sans le soutien que m'apporta la thérapeute de Sara, je suppose que je me serais usée à la tâche. Je me rendis compte qu'il me fallait un nouveau défi qui me stimulerait autant que le faisait mon nouveau travail au département des services sociaux.

Je songeai brièvement à m'occuper d'enfants souffrant de problèmes de santé, car on leur trouve très difficilement des familles d'accueil. Bruce et moi envisageâmes même de recevoir des enfants séropositifs, mais nous y renonçâmes après avoir bien réfléchi. Notre maison grouillait d'enfants porteurs de nombreux virus, et je n'étais pas sûre de pouvoir isoler suffisamment un sujet fragile. D'autre part, si nous-mêmes étions deux adultes bien armés face à des deuils et des chagrins inévitables, ce n'était pas le cas de nos jeunes enfants et nous ne souhaitions pas les exposer à ce risque. Il fallait donc attendre, mais nous savions que l'enfant ayant *sa* place chez nous ne tarderait pas à arriver.

Il (ou plutôt elle) arriva, par une froide matinée d'octobre.

9

Chaque nouvelle arrivée représente un événement sans précédent, car chaque enfant est un individu unique. Les cas semblent parfois se fondre en une masse uniforme, mais un nouveau venu représente toujours un territoire inexploré.

Quand le service de placement ou la hot line nous appellent, le temps presse habituellement, et nous n'avons guère le loisir de peser le pour et le contre. Seul compte alors l'enfant en train d'attendre dans un commissariat de police, aux urgences, ou à l'arrière de la voiture d'une assistante sociale. J'agis quasiment les yeux fermés et ne réfléchis qu'après avoir paré au plus pressé.

Ce fut plus dur quand on me parla de Shamika : pas d'enfant à tenir dans mes bras, à nourrir ou à baigner. Shamika attendait sur un lit d'hôpital, à plus de deux cent cinquante kilomètres de chez nous, une famille prête à la recevoir. Je savais qu'il s'agissait d'un cas spécial, car Susan, l'assistante sociale, s'était déplacée pour me demander en personne si nous étions intéressés.

Souvent tiraillée entre le désir de protéger les familles d'accueil de tâches particulièrement éprouvantes et la nécessité de trouver une solution pour les enfants, Susan semblait fort embarrassée ce jour-là. Elle faisait tournoyer sa tasse de thé dans sa main et tapotait la table de son stylo, fuyant mon regard.

Je sais maintenant qu'elle cherchait à garder un certain détachement face à l'histoire de Shamika, dans l'espoir d'en atténuer la gravité; mais Susan est une mère avant tout. J'entendais la question qu'elle se posait en silence et je me la posais à mon tour, sans pouvoir l'articuler à haute voix. Comment peut-on brûler son propre enfant? Quel monstre peut faire cela à son bébé? Je me contentai de questionner Susan sur la cicatrisation, le suivi médical, la date à laquelle nous pourrions rendre visite à l'enfant. Je ravalai ma rage en même temps que le thé et les muffins qui accompagnaient notre conversation à bâtons rompus. Et, évidemment, je donnai mon accord. Nous serions heureux d'accueillir Shamika. Bruce aurait bientôt quelques jours de congé ; nous irions donc ensemble à l'hôpital pour apprendre à nous occuper d'elle.

Trois jours s'écoulèrent avant que Robert, le travailleur social responsable de Shamika, dispose d'une journée pour faire le voyage avec nous. Profitant de ce répit, j'écumai les magasins de récupération : il me fallait trouver des vêtements souples, en coton et en flanelle. Bruce sortit le berceau, que nous avions rangé depuis que Karen était en âge de dormir dans un grand lit, et j'achetai un matelas neuf. Tous ces préparatifs m'aidèrent à passer le temps en attendant d'aller chercher Shamika.

Comment allais-je la présenter aux plus

jeunes de mes enfants ? Ses brûlures s'étalaient sur l'un de ses bras, son torse, son ventre et ses deux cuisses. Malgré des greffes de peau, les cicatrices se détacheraient en reliefs roses sur sa peau brune. Je décidai d'utiliser la version donnée par la mère : Shamika (qui ne marchait pas encore...) avait renversé une tasse de café qui était posée sur une table basse. Le spécialiste n'en avait pas cru un mot, car il faut beaucoup plus qu'une tasse de café pour provoquer de tels dommages.

Quelle que soit la vérité, Shamika avait été transportée en ambulance dans un hôpital local, puis dans un grand hôpital universitaire, disposant d'une unité pédiatrique spécialisée dans les brûlures. Elle y avait passé six semaines à lutter contre les risques d'infection et à recevoir des greffes sur les brûlures les plus sévères de son ventre et de ses cuisses.

Au moment d'entrer dans un lieu de haute sécurité, j'éprouve toujours un vague sentiment de culpabilité. Je bafouille lamentablement et je donne beaucoup plus d'informations que nécessaire, dans la crainte absurde d'éveiller des soupçons à mon sujet.

Heureusement, Bruce sait comment se comporter, et prend la direction des opérations dans les aéroports et les services fermés des hôpitaux. La perspective d'une première rencontre avec Shamika me rendait, ce jour-là, plus nerveuse que jamais. Tandis qu'il cherchait une place de parking, je ne savais toujours pas comment répondre quand on me demanderait, à l'entrée, si nous étions de proches parents. Allais-je philosopher sur notre relation, en tant que famille d'accueil, avec une personne manifestement peu concernée par le problème ? Bruce vint à mon secours : après un « oui » laconique, il prit les deux laissez-passer et m'entraîna vers l'ascenseur. Robert, qui était déjà venu plusieurs fois, connaissait le système. Il lui suffit de montrer je ne sais quel document officiel pour obtenir instantanément son laissez-passer.

Encore maintenant, avec un recul d'une demi-douzaine d'années, j'ai du mal à parler de Juanita. Il semblerait que mes souvenirs de notre première rencontre soient empreints de la profonde antipathie qu'elle m'inspira alors. Je me souviens que j'étais furieuse à l'idée de cette rencontre. Quand j'avais donné mon accord au sujet de Shamika, il n'avait pas été question de sa mère. Je l'imaginais sous les verrous, ou du moins privée de tout contact avec sa fille, or elle avait profité au maximum des facilités de logement offertes par l'hôpital. Croyait-elle avoir convaincu le corps médical par sa version concernant les brûlures ? On lui avait annoncé, à peine quelques heures plus tôt, que je venais chercher Shamika. Sa présence à l'hôpital serait une source évidente de complications pour nous.

Juanita me regarda entrer avec une hostilité évidente. Après avoir soutenu mon regard quelques secondes à peine, elle se pencha sur le berceau de sa fille pour lui parler... de cette curieuse voix haut perchée qu'adoptent les personnes qui n'ont pas l'habitude de s'adresser aux enfants, mais veulent donner l'impression du contraire.

J'osais espérer que l'éclairage brutal était plus flatteur pour moi que pour Juanita. Sa peau, assez brune, paraissait jaunâtre sous cette lumière et portait encore des traces d'acné juvénile. Ses cheveux, secs et raides, avaient dû souffrir de multiples tentatives pour les friser artificiellement ou les teindre. Elle était trop boulotte pour son caleçon en simili-léopard et son débardeur fuchsia. Seuls ses ongles, véritables griffes ornées d'un papillon à leur extrémité, semblaient propres et soignés.

Juanita n'apprécia sans doute guère plus mon apparence. Ma longue tresse, mes lunettes rondes, mon pull-over sans forme et ma jupe mi-longue en velours côtelé durent lui paraître ternes et démodés. Nous vivions dans deux univers différents, mais nous devions trouver un moyen de communiquer dans l'intérêt de Shamika.

Grâce au ciel, Robert perçut cette tension. Il posa tranquillement une main sur l'épaule de Juanita et demanda à lui parler dans le couloir. Elle accepta de le suivre en roulant des yeux effarés.

Impatiente de voir Shamika, je me ruai sur le berceau. Bien qu'aucun de ses traits ne soit déplaisant, elle n'avait rien d'un beau bébé. Son comportement, surtout, me parut inquiétant. Aucune étincelle ne brillait dans son profond regard brun. Assise dans son berceau, tel un petit bouddha sinistre, elle tripotait sans enthousiasme des perles en plastique.

Je songeais à ce qu'avait vécu cette fillette pendant sa première année d'existence. D'après le rapport d'enquête, Shamika avait été ballottée d'un lieu à un autre, d'un lit à un autre, d'une personne à une autre au gré des caprices de sa mère, depuis le jour de sa naissance. Les brûlures qui l'avaient amenée à l'hôpital n'étaient sans doute pas le premier épisode de maltraitance dont elle avait été victime. Même son séjour à l'hôpital avait été mouvementé. Quelle vision du monde pouvait avoir un bébé dans de telles conditions ?

Shamika n'étant manifestement reliée à aucun fil ni tube, je la pris avec précaution dans mes bras, après lui avoir parlé un moment. Bruce, debout derrière moi, leva la main pour caresser sa joue. Elle se tourna vers lui et saisit son doigt, qu'elle enfonça dans sa bouche. Il le retira en riant et effleura le bout de son nez. Un sourire fugitif apparut sur le visage de Shamika, sans parvenir à éclairer son regard grave. Cela nous suffisait ; nous pourrions aimer ce bébé, Bruce et moi.

Robert et Juanita revinrent dans la pièce. Juanita s'empressa de m'arracher Shamika.

— C'est l'heure de sa sieste, maugréa-t-elle. Vous n'auriez pas dû la prendre dans vos bras. Maintenant, elle va refuser de se recoucher...

— Si vous permettez, je vais vous regarder faire, risquai-je de ma voix la plus douce. Comme cela, je saurai comment m'y prendre pour ne pas changer ses habitudes quand elle sera chez moi.

Juanita me considéra un moment d'un

air soupçonneux avant de flanquer Shamika dans son berceau.

— Maintenant du calme, et pas d'histoires ! Inutile de faire ton cinéma... Dépêche-toi de dormir.

Elle me jeta un regard insolent.

— Évitez de la gâter ! Si vous exagérez, j'aurai des problèmes quand elle reviendra chez moi. Ne la bercez surtout pas pour l'endormir ; c'est pas dans mes idées et j'ai pas de temps à perdre...

Je faillis protester, mais Bruce me retint en posant la main sur mon épaule. À quoi bon dire à Juanita que bercer un enfant n'était pas le « gâter » ? Et quand bien même, j'avais l'intention de ramener Shamika chez moi et de ne pas perdre une seconde pour la gâter.

Il y avait de l'orage dans l'air, bien que mes problèmes avec Juanita aient de fortes chances de s'apaiser avec le temps. Elle avait certainement eu une vie aussi perturbée que sa fille, mais cela ne changeait rien au fait qu'elle me semblait incapable de s'occuper d'un enfant. À mon avis, Shamika devait être placée dans une famille prête à l'adopter dans les plus brefs délais. Le système, hélas! ne fonctionnait pas ainsi. Malgré la volonté de hâter l'adoption des enfants victimes de sévices majeurs, il fallait encore deux ans pour que la procédure aboutisse. Un bref laps de temps pour un adulte, mais une vie entière pour un enfant de deux ans.

Les conflits d'intérêts et les méandres de la justice allaient priver Shamika de son enfance. Un bébé de plus serait réduit à vivre dans une famille d'accueil et à payer pour un crime qu'il n'avait pas commis. En acceptant de la recevoir, n'étions-nous pas complices nous aussi? Cette question me hantait et je ne parvins jamais à y répondre. Quoi qu'il en soit, Shamika avait besoin d'un lieu pour vivre et d'une famille pour l'accueillir, même provisoirement. Il serait toujours temps de songer ensuite à sa stabilité. Dans l'immédiat, une tâche urgente nous incombait : garder une place pour Juanita dans l'univers de Shamika en faisait partie. Malgré mes états d'âme, elle serait toujours un élément du puzzle.

Pendant deux heures, on nous initia, Bruce et moi, aux greffes de peau et aux soins des brûlures. Ce n'était pas si compliqué, car la cicatrisation était en cours. Il fallait nettoyer les cicatrices et les masser avec une pommade plusieurs fois par jour. L'essentiel de notre tâche consistait à tirer Shamika d'une dépression potentiellement plus dangereuse que ses blessures corporelles.

Nous la quittâmes à regret, malgré notre hâte de sortir du centre-ville avant l'heure de pointe. Sur le chemin du retour, nous décidâmes que, puisque Juanita nous avait à peine adressé la parole au cours de la journée, il valait mieux que Robert aille chercher Shamika à l'hôpital et la dépose chez nous. Nous cherchions tous à éviter qu'une scène éclate si Juanita remettait personnellement sa fille entre nos mains.

Le vendredi suivant, j'appris avec soulagement que Shamika était en route. En attendant son arrivée, je m'attelai à quelques projets d'écriture depuis longtemps négligés. J'étais seule avec Karen quand le vieux break cabossé de Robert s'engagea dans notre allée. Il amena Shamika à la maison directement dans son siège auto. Je lui retirai son bonnet en évitant de la réveiller, et Karen passa un doigt sur ses boucles sombres, qui jaillissaient autour de sa tête comme de minuscules tire-bouchons.

— Un bébé, m'man? Mon bébé?

Dans le monde de Karen, tout lui appartenait.

— Voici Shamika, dis-je. Laissons-la dormir encore un peu.

Robert prit une tasse de café avec moi et m'informa des rendez-vous et des visites programmés. Étant donné le jugement imminent, j'avais la conviction que cette affaire serait suivie de très près. La DSS ne voulait pas se discréditer devant les tribunaux par je ne sais quelle gaffe malencontreuse, d'autant plus que la presse locale était friande de ce genre de scandale.

— Je n'ai indiqué que vos prénoms, et Juanita n'a aucune idée de votre adresse, a précisé Robert avant son départ. C'est mieux ainsi. Il s'agit d'une famille difficile, avec de lourds antécédents de violence. À mon avis, vous ne risquez absolument rien, mais je préfère que vous gardiez un profil bas. Vous serez sans doute appelée à témoigner devant les tribunaux, et je ne veux pas vous faire courir le moindre risque.

Je n'ai jamais eu le sentiment d'exercer une profession à haut risque, mais il y a toujours un élément de malaise — sinon de danger — dans le fait de côtoyer des familles ayant un certain passif sur le plan criminel et psychiatrique. Robert avait raison : une lueur ne me disant rien de bon brillait dans les yeux de Juanita, et je n'avais aucune envie de la croiser sur mon chemin. Si seulement l'un de ces politiciens qui m'estime « surpayée » avec mes quinze dollars par jour avait pu être là à cet instant !

« Dans quelle galère m'étais-je encore fourrée ? » ressassai-je après le départ de Robert. Je finis par me calmer quand les aînés rentrèrent de classe et me montrèrent exactement de quoi avait besoin Shamika.

Tandis que je parcourais anxieusement ma liste de fournitures et d'instructions, Shamika était restée vautrée sur un tapis de jeu, sans accorder la moindre attention aux jouets multicolores qui l'entouraient. Mais lorsque Karen s'assit auprès d'elle pour jouer avec la boîte magique qu'elle venait de dédaigner, ses yeux s'illuminèrent. Elle tendit timidement un doigt, puis le retira aussitôt en voyant Mickey Mouse surgir par surprise. Quelques minutes après, le babil de Shamika accompagnait le rire contagieux de Karen. Comme les deux fillettes s'ébrouaient sur le tapis, pareilles à de jeunes chiots, je pus enfin me détendre. Shamika allait tenir le coup. Elle n'était, après tout, qu'un bébé qui avait besoin que quelqu'un s'intéresse à elle.

Craignant d'effaroucher Shamika, j'avais prié les enfants de se comporter calmement en sa présence. Pour une fois, ils arrivèrent sans bruit au lieu de faire un vacarme digne de l'invasion des Huns.

D'abord intimidée, Shamika se cacha la tête dans mon épaule dès qu'ils s'approchèrent, mais ils ne mirent que quelques minutes à l'apprivoiser. Sans participer pleinement, elle semblait intéressée, à condition que je reste dans sa ligne de mire. L'un de ces petits miracles dont je ne me lasserai jamais! Comment ces enfants savent-ils? Quel instinct leur indique qui est la mère? Ce genre de phénomène survient trop fréquemment pour qu'il s'agisse d'une simple coïncidence. Dans une pièce peuplée d'adultes inconnus, des bébés venant d'arriver se tournent immanquablement vers la « maman d'accueil ».

Seule Sara ne se laissa pas émouvoir. Elle était encore trop fragile pour admettre l'intrusion d'une rivale. Quand elle manifesta son vif mécontentement (non par des paroles, mais en arrachant un lambeau du papier mural de la cuisine), je compris le message et dus admettre qu'elle marquait un point. Comme tous mes enfants, elle aurait aimé être mon unique centre d'intérêt. Le drame des familles d'accueil est qu'elles sont destinées aux enfants les moins aptes à supporter le monde chaotique et imprévisible que nous avons à offrir. Leur nombre élevé et le manque de familles d'accueil ne permettent pas d'assurer à chacun une quantité tout à fait suffisante de temps, d'énergie et d'attention. J'aimais ce que je faisais, tout en souffrant de mes limites et en me jurant de restreindre mes effectifs — mais je n'y suis jamais parvenue. Survenaient toujours un nouvel appel, un nouvel enfant, une nouvelle histoire. Finalement, nous y perdions tous quelque chose.

Mais nous nous adaptions aussi. Au cours du temps, j'ai acquis plus de souplesse et de tolérance, et j'espère que tous les enfants dont j'ai eu la charge y ont gagné au change.

Une première semaine avec Shamika s'écoula, puis une seconde et une troisième, et elle devint petit à petit l'une des nôtres. Après avoir beaucoup régressé à l'hôpital, elle récupérait à toute vitesse. Un jour elle marchait à peine à quatre pattes, le lendemain je la rattrapais au milieu de notre salle à manger. Alors qu'elle ne parlait pas à son arrivée, son vocabulaire s'enrichissait d'un ou deux mots par jour. L'enfant pitoyable du début devint un véritable pitre. Quand elle s'aperçut que ses singeries nous faisaient rire, il n'y eut plus moyen de la freiner. Je m'étonnais même de l'avoir trouvée sans charme au début.

Nous n'avions aucun moyen de savoir comment évoluait l'enquête criminelle au sujet de Juanita. Périodiquement, quelqu'un nous appelait du bureau du procureur afin de nous questionner, mais on ne nous donna jamais la moindre information. Je voyais Robert toutes les deux semaines quand il venait chercher Shamika pour sa visite, mais lui non plus n'était pas vraiment informé. D'après ce que j'avais pu constater jusque-là, il faudrait des mois pour que l'affaire passe en jugement; des mois, sinon des années, pour que toutes les possibilités d'appel soient épuisées et qu'une décision soit prise. En attendant, la DSS ne pourrait sous aucun prétexte demander l'adoption de Shamika. J'espérais donc qu'elle resterait le plus longtemps possible avec nous. Assez longtemps pour que nous l'aimions, qu'elle nous aime, et que cet amour la reconstruise.

Comment étais-je censée m'y prendre pour donner une part de moi-même à chacun de ces enfants et leur permettre de se sentir inclus dans une grande famille nécessaire à leur épanouissement, sans les aimer trop pour les laisser partir un jour ? C'est un mystère. Du fond du cœur, je considérais déjà Karen comme ma propre fille. Lucy et Angie étaient de véritables sœurs. Sara avait sa place chez nous et nulle part ailleurs. Je m'inquiétais encore pour l'avenir de Dan. Les familles d'accueil peuvent miraculeusement aimer ces enfants venus d'ailleurs ; c'est une victoire, mais parfois une tragédie.

La mi-décembre approchait. Par un morne samedi, nous décidâmes, Bruce et moi, d'en finir avec nos courses de Noël. Malgré mon intention de terminer achats et paquets avant Thanksgiving, je me retrouvais une fois de plus franchement en retard. Pour éviter un trop grand chahut à la maison, nous emmenions Sara, Karen et Shamika avec nous. Les aînés pourraient parfaitement se débrouiller tout seuls pendant quelques heures.

Nous venions d'entrer dans le parking bondé du centre commercial quand le bip de Bruce se mit à grésiller. Cet objet est le fléau de mon existence, mais vu le nombre d'appels que je reçois de la hot line aux moments les plus inopportuns, j'hésite à m'en plaindre.

— Et si tu l'ignorais ? suggérai-je à tout hasard.

— Pas question. Ça vient de la maison...

Mon cœur se serra, car je savais que les enfants ne nous auraient pas bipés à moins d'une véritable urgence. Nous finîmes par découvrir une cabine téléphonique, et j'attendis dans la voiture avec les fillettes. Tandis que Bruce appelait la maison, je me rongeai les ongles en faisant des promesses à Dieu.

Bruce réapparut au bout de quelques minutes et démarra en trombe.

— Dis-moi tout! lançai-je.

— Qui est Monica Feldman?

— La directrice régionale des services sociaux. Pourquoi?

— Elle vient d'appeler Nathan. Il semblerait que le père de Shamika soit sorti de prison depuis quelques semaines. La police a appris, par la sœur de Juanita, qu'il sait où est sa fille et qu'il compte la récupérer. Aussitôt averti, le procureur s'est adressé à la DSS.

Je pris ma tête entre mes mains.

— Apparemment, le père de Shamika peut être violent, ajouta Bruce, mais il n'est pas armé, en principe.

Je me serais évanouie si Bruce ne m'avait tapoté la jambe.

— La police locale est déjà chez nous et la police nationale arrive. Les garçons ont alerté leurs copains; presque tout le voisinage est venu leur prêter main-forte. Ne t'inquiète pas pour eux, Kathy!

Bruce faisait son possible pour me rassurer, mais il fonça sur la route sans respecter très scrupuleusement les limitations de vitesse.

Grâce au ciel, Nathan nous avait prévenus! Si j'avais été prise au dépourvu, j'aurais tourné de l'œil en voyant toutes ces voitures de police devant chez moi. Un policier en uniforme s'approcha de la voiture et insista pour porter lui-même Shamika jusqu'à la maison. Elle dormait. Heureusement, car elle avait eu une expérience suffisante des gyrophares et des sirènes dans sa courte existence.

Nous venions de retirer nos manteaux quand deux assistantes sociales de la hot line, que je connaissais vaguement, arrivèrent avec l'intention d'emmener Shamika.

— Prenons le temps de réfléchir une minute! protesta Bruce. Le père de Shamika saurait où se trouve sa fille et compterait la récupérer... C'est du moins ce qu'affirme la sœur de Juanita, qui n'est pas une source d'informations particulièrement crédible, et qui, de plus, déteste cet homme. Logiquement, pourquoi risquerait-il la prison à perpétuité pour récupérer un bébé qu'il n'a vu que deux fois dans sa vie ? Et, dans cette hypothèse, comment aurait-il pu se procurer notre adresse ? Enfin, s'il tient vraiment à récupérer sa fille, il fera une tentative, que vous l'emmeniez ou non. Ne pourrions-nous pas attendre au moins jusqu'à lundi pour faire le point ?

Les assistantes sociales échangèrent un regard.

— Écoutez, ajouta Bruce en les sentant fléchir, cette petite en a déjà vu de toutes les couleurs. Elle commence à peine à s'adapter. Si vous la déracinez brusquement une fois de plus, elle risque de ne jamais s'en remettre. Je vous en prie, essayez de contacter quelqu'un pour en parler ! Je vous promets que personne ne touchera à ce bébé.

L'une des assistantes sociales prit la parole.

— Ce n'est pas à moi de trancher. Je vais en discuter avec Monica, mais elle semblait assez décidée à déplacer cet enfant dès aujourd'hui.

— Vous pouvez téléphoner depuis la cuisine, suggéra Bruce.

Il alla ensuite parler aux policiers, qui joignirent les services sociaux avant de revenir s'adresser à lui. Pour ma part, je profitai de ce moment de répit pour calmer les enfants. Karen allait bien, Neddy et Ben semblaient plutôt apprécier ce branle-bas. Mais Lucy, Angie et Sara étaient aux cent coups, car leurs souvenirs de policiers dans leur propre salon étaient encore trop vivaces. Serrées les unes contre les autres sur le canapé, nous attendîmes que la tornade s'apaise.

Les autres adultes ne tardèrent pas à nous rejoindre.

— Voici ce que je vous propose, déclara la première assistante sociale. La directrice régionale des services sociaux accepte de laisser Shamika ici pour l'instant. Une réunion aura lieu très tôt lundi matin pour prendre les mesures nécessaires. Si vous avez le moindre problème, nous arriverons dans les trente minutes pour emmener l'enfant. La police fera sa ronde toutes les heures pour vérifier que tout va bien. Enfin, si vous appelez le 911, ils vous enverront quelqu'un en moins de cinq minutes. Nous avons eu beaucoup de mal à convaincre la hiérarchie. Espérons que tout ira bien!

— Tout ira bien, promit Bruce.

Les garçons passèrent la soirée à piéger les portes et à imaginer des projets d'espionnage sophistiqués. Peut-être aurais-je dû les freiner, mais leur énergie et leur aplomb me semblaient bien préférables à la panique.

La nuit fut calme, bien qu'aucun des adultes n'ait dormi d'un profond sommeil. J'avais gardé le petit berceau de Shamika près de mon lit et j'ouvrais les yeux au moindre bruit.

Le dimanche après-midi, l'étau s'était légèrement desserré. S'agissait-il de l'un de ces épisodes de l'histoire familiale que nous pourrions évoquer plus tard avec un sourire ému?

On nous appela à trois heures.

— Allô, Kathy, ici Monica Feldman. Désolée de vous déranger, mais nous avons changé d'avis. J'ai passé presque tout l'après-midi à discuter avec le substitut du procureur et avec mon supérieur hiérarchique régional. Ils estiment que nous avons été un peu légères de laisser Shamika chez vous la nuit dernière. Au cas où il y aurait eu une fuite à son sujet, nous ne devons prendre aucun risque. Je suis sûre que vous comprendrez... La hot line est déjà en route. Nous apprécions votre bonne volonté, mais personne ne doit être mis en danger.

Malgré mes protestations véhémentes, elle fut inflexible. Je fis les bagages de Shamika et établis une liste détaillée des soins nécessaires à son épiderme et de ses rendez-vous. Ma lettre ne disait rien des sentiments que m'inspirait la petite, car j'avais passé la main à une autre « mère ».

Cette séparation fut pénible aux enfants. Les garçons s'en remettraient ; qu'en serait-il pour les filles ? Leurs réactions varièrent en fonction de leur expérience individuelle. Sara laissa exploser sa rage, Angie se replia sur elle-même, mais leur angoisse sous-jacente me parut identique.

10

Quand mes fils étaient petits, je mesurais le temps en fonction des étapes de leur croissance : premiers pas, premiers mots, premier jour de classe. Les étapes prévisibles de leur évolution modulaient ma vie aussi sûrement que la venue du printemps, après les neiges hivernales. Maintenant que nos fils sont adultes et que nos filles ne tarderont pas à le devenir, ma manière de mesurer le temps a changé. En tant que « maman d'accueil », je sais pertinemment que je ne resterai pas assez longtemps présente dans la vie de « mes enfants » pour les voir monter pour la première fois à vélo ou grimper dans la hiérarchie des scouts. J'ai donc appris à me contenter de fragments d'existence plus brefs et moins évidents :

je n'étais pas là pour célébrer la première dent de Sara, mais nous avons mangé des glaces en l'honneur de la première semaine où elle n'a pas été convoquée chez le principal pour insolence.

J'évalue le temps passé chez nous par les enfants, non pas d'un anniversaire à l'autre, mais d'un bilan à l'autre. Tous les six mois, les personnes concernées par un enfant placé en famille d'accueil sont invitées par les services sociaux à venir discuter de sa situation et de l'évolution de son programme individuel. Ce programme définit les tâches que chacun — au niveau des services sociaux, de la famille d'accueil et de la famille biologique — doit mener à bien avant son retour au bercail.

Les participants à ces réunions sont étonnamment nombreux. Aux parents biologiques, aux parents d'accueil, à l'assistante sociale et aux avocats s'ajoutent les « collatéraux ». On appelle ainsi les personnes chargées de services extérieurs : thérapeutes, tuteurs désignés par les tribunaux, contrôleurs judiciaires et responsables scolaires. Les réunions sont présidées par une assistante sociale non concernée habituellement par ce cas. Une volontaire l'assiste afin de faire entendre un point de vue extérieur. Si plusieurs frères et sœurs sont placés en famille d'accueil — ce qui se produit assez fréquemment — tous ces protagonistes sont là en plusieurs exemplaires. Je garde le souvenir de réunions de bilan auxquelles participaient une vingtaine de personnes désireuses d'avoir leur mot à dire. En fin de réunion, l'assistante sociale évalue les résultats obtenus par chacun. Si les parents biologiques ont donné satisfaction, on fixe une date de retour de leurs enfants. Sinon, on peut envisager une adoption.

Malgré son apparente complexité, ce système présente un réel intérêt. Avant sa mise en route, dans les années quatre-vingt, des enfants en famille d'accueil se perdaient parfois — et cela peut encore se produire aujourd'hui. Ils se perdaient au sens propre du terme. Une assistante sociale responsable d'un nouveau dossier pouvait constater que le gamin auquel elle allait rendre visite avait été déplacé, et que nul ne savait exactement où il se trouvait. Les enfants étaient souvent transférés à plusieurs reprises, sans que personne ne cherche à résoudre les problèmes familiaux ayant provoqué leur placement, ou à engager un éventuel processus d'adoption. Les réunions de bilan ont été instaurées pour éviter ce genre de situation. Elles ne représentent pas une solution idéale, car les enfants restent encore trop longtemps sans projet à longue échéance, mais elles ont permis une indéniable amélioration. On a au moins la certitude que, deux fois par an au minimum, quelqu'un se penchera sur le sort de chaque enfant. Un excellent moyen de garder les gens en éveil!

Je me rendais scrupuleusement aux réunions concernant Karen, Lucy et Sara, et je m'y sentais mal car rien ne changeait pour elles. Le projet d'adoption de Karen était toujours en cours, mais aucune responsable d'adoption n'avait été désignée. Dans ce domaine, le premier arrivé est le premier servi. En attendant, Bonnie s'améliorait. Elle vivait dans un foyer familial et était restée sobre et rangée plusieurs semaines durant. Je craignais par-dessus tout que son état devienne assez satisfaisant pour inciter les autorités à changer d'avis et à lui rendre sa fille. C'était dans l'ordre des choses! Les parents sont censés rentrer dans le rang afin de pouvoir récupérer leurs enfants, mais je me résignais difficilement à l'idée de perdre Karen.

L'avenir de Lucy était en suspens lui aussi. Au cours de deux réunions successives, on m'informa qu'une responsable d'adoption allait être désignée, mais Lucy attendait toujours. Le temps passant, elle avait appris à faire les caramels et à attraper les sauterelles. Plus elle grandissait, moins elle risquait d'éveiller l'intérêt d'une famille adoptive et plus elle s'attachait à nous.

Karen et Lucy se trouvaient dans une situation plus favorable que Sara. Grâce au projet d'adoption, on se souciait au moins de leur avenir, mais on ne pourrait pas faire grand-chose pour Sara tant qu'elle ne serait pas en état de témoigner contre son père. Il était question pour l'instant de stabilisation et de réunification familiale, bien qu'elle n'eût aucune famille capable de se stabiliser ou de se réunifier. On était sans nouvelles de Sharon depuis des mois, et le père de Sara n'avait pas vu ses enfants depuis plus longtemps encore.

Ceux-ci refusaient en effet de le rencontrer. Ils étaient dispersés, la sœur de Sara dans un hôpital psychiatrique, son frère dans sa quatrième famille d'accueil. Mais telle était la règle : aucune évolution pendant une année au moins, puis l'attente d'une responsable d'adoption, d'une famille adoptive, d'un procès et d'un appel. Des années s'écouleraient avant que Sara puisse compter sur une famille bien à elle. Quelle injustice !

De plus en plus mécontente, je commençai à donner des coups de fil en haussant le ton. Peu après Noël, un appel téléphonique m'annonça que l'on venait d'attribuer une responsable d'adoption à

Karen et Lucy. Karen était en moins bonne place que Lucy sur la liste d'attente, mais comme les deux fillettes vivaient sous le même toit, on avait jugé préférable de traiter les deux cas en même temps. Cette idée me parut étonnamment sensée de la part d'un département qui, en règle générale, ne brille pas par son bon sens.

L'assistante sociale de Karen s'était désintéressée de son cas à peu près au même moment que celle de Lucy. D'ailleurs, je ne l'avais jamais trouvée particulièrement efficace : ayant pour principe d'en faire le moins possible, elle me laissait m'acquitter de toutes les corvées de transport et de visite. Quand le processus d'adoption fut mis en route, elles eurent sans doute le sentiment d'avoir accompli leur mission. Il ne leur restait plus qu'à tuer le temps jusqu'au moment où elles seraient officiellement déchargées de ces deux dossiers.

J'emmenais chaque semaine Karen voir sa mère au foyer. Une assistante sociale surveillait la visite pendant une demi-heure, et je me sentais libre de vaquer à mes occupations. Ces visites étaient un véritable cauchemar, car Karen supportait fort mal la séparation. Après avoir laissé en vain plusieurs messages à Linda pour lui demander conseil, je décidai de prendre l'affaire en main et d'appeler Bonnie pour lui proposer une entrevue; elle accepta sans grand enthousiasme de me rencontrer le lendemain.

— Écoutez, lui dis-je, nous ne sommes pas en très bons termes, mais nous aimons toutes les deux Karen. Comme ces visites continuent à lui poser des problèmes, j'ai pensé que...

Bonnie m'interrompit aussitôt.

— Je veux récupérer ma fille et je ne renoncerai sûrement pas à mes visites. Maintenant que je vais mieux, mon avocat pense que j'ai de bonnes chances.

— Pas question de renoncer à quoi que ce soit! Vous avez parfaitement raison : si Karen revient chez vous, ces visites sont nécessaires. Mais, ajoutai-je après un silence, nous pourrions peut-être faire quelque chose toutes les trois pendant les prochaines visites. Si Karen nous voit ensemble un certain nombre de fois, je suppose qu'elle aura moins peur quand je pars. Il faut que le changement se fasse en douceur, et tout sera plus simple si nous devenons amies vous et moi...

— J'y avais pensé moi aussi, admit Bonnie au bout de quelques secondes. Je sais qu'elle vous aime et c'est bon pour elle de continuer à vous voir.

— Si nous nous retrouvions demain au Friendly's, le fast-food préféré de Karen? Elle a un faible pour tous les endroits où l'on mange des glaces.

— Je suis aussi gourmande qu'elle, conclut Bonnie, presque rieuse.

Au début, nos rencontres me mirent légèrement mal à l'aise. Karen m'appelait maman, et j'avais beau faire, elle ne s'adressait jamais à sa mère. Puis elle se détendit, et mon cœur se serra plus d'une fois en les voyant ensemble : elles se ressemblaient vraiment comme deux gouttes d'eau. À notre seconde rencontre, j'avais apporté des photos de Bruce et des enfants : j'en avais d'excellentes, prises alors que nous campions, ou aux sports d'hiver. Bonnie les observa soigneusement avant de me questionner.

— Qui est cette femme ? Votre mère ou votre belle-mère ? Vous aimez tous le ski ? Qui joue de la flûte ?

Et finalement :

— Combien d'enfants avez-vous ? Je ne savais pas que vous en aviez déjà adopté plusieurs.

La semaine suivante, elle offrit à Karen l'ours en peluche qu'elle avait eu, enfant.

— C'est mon seul bon souvenir, me dit-elle, rêveuse. Quand mes parents se battaient, je me cachais sous mon lit en le serrant contre moi... Je voudrais le donner à Karen.

Je repris la parole après un long silence.

— Karen me paraît maintenant très à l'aise avec vous. Souhaitez-vous la voir seule la prochaine fois ?

— D'accord, répliqua Bonnie. Vous savez, je ne suis pas une mauvaise fille. J'ai fait des choix désastreux... En dehors de la cure de désintoxication et de mon séjour dans ce foyer, je n'ai jamais pu rester sobre. C'est bizarre, parce que je m'étais juré de ne jamais boire. Ma belle-mère était toujours ivre... Mon père était un ivrogne lui aussi. Il s'est tué quand j'avais treize ans.

Devant mon mutisme, elle se contenta d'ajouter qu'elle ferait de son mieux pour que Karen n'ait pas une enfance aussi dramatique.

— Bonnie, je sais que vous l'aimez, lui dis-je. Je sais que pour rien au monde vous ne lui feriez du mal volontairement.

Bonnie avait l'air mal en point quand je lui amenai Karen le samedi suivant. Son visage me parut émacié. Elle avait des marques rouges sous les yeux, le teint blafard, et elle détacha Karen de son siège auto d'une main tremblante.

— Ça va aller? lui demandai-je.

— Je suis un peu fatiguée, mais ça ira.

Karen me regarda partir d'un air grave et, pour la première fois, elle ne versa pas une larme. J'étais partagée entre la satisfaction de la voir enfin rassurée et une certaine jalousie au moment où elle glissa sa main dans celle de Bonnie.

Une heure s'écoula. Je fis quelques courses, sans enthousiasme. Par la pensée, j'étais toujours au foyer où se trouvaient Bonnie et Karen.

Je revins la chercher un quart d'heure plus tôt que prévu. Une employée m'ouvrit la porte et m'accompagna jusqu'au salon d'accueil.

Bonnie glissait les bras de Karen dans son manteau. Deux grands cartons étaient posés à côté d'elle. Dès qu'elle m'aperçut, ma petite Karen s'arracha à sa mère et fonça vers moi.

— J'ai une nouvelle poupée, m'man. Tu veux la voir ?

Bonnie me sembla encore plus mal en point qu'avant. Elle avait pleuré et les larmes ne l'embellissaient guère. Son visage rougi et ses yeux bouffis m'impressionnèrent.

— Vous pouvez attendre une minute ? me demanda-t-elle. J'ai quelque chose à vous donner pour Karen et j'aimerais vous parler.

Nous chargeâmes ensemble les deux cartons dans ma voiture. Karen, accrochée à mes basques, marchait derrière moi. Après l'avoir installée sur son siège, je me retournai vers Bonnie, adossée à la portière.

— Je renonce à exercer l'autorité parentale, me dit-elle en sanglotant.

— Pourquoi?

— J'sais pas. Peut-être à cause des photos. Vous êtes le genre de famille que j'aurais aimé avoir...

— Nous sommes loin d'être parfaits, objectai-je. Il nous arrive de nous disputer, et je ne consacre pas toujours assez de temps aux enfants. Je suis sûre qu'ils souhaiteraient parfois avoir de meilleurs parents... Je ne voudrais surtout pas que vous abandonniez Karen parce que vous vous faites des illusions sur moi.

— Je ne pourrai pas non plus me battre continuellement pour paraître meilleure que je ne suis. Aujourd'hui, je suis sobre, mais rien ne prouve que je le serai encore demain ou la semaine prochaine. Je ne pourrai pas lui donner autant que vous!

Bonnie me fit signe de ne pas l'interrompre.

— Il ne s'agit pas du confort matériel. Bien sûr, je suis ravie qu'elle prenne des leçons de musique et qu'elle fasse du sport, mais c'est à sa sécurité que je pense. Chez vous, elle aura la certitude que vous serez toujours là pour la protéger. Elle pourra s'endormir sans avoir peur du lendemain. Elle pourra amener ses copines à la maison. Elle aura une famille, sa famille. Avec moi, Dieu sait ce qui l'attend!

Je l'avais détestée. Elle m'avait inspiré de la colère, de la pitié, de la jalousie — des émotions prévisibles, étant donné notre étrange relation. Je ne m'étais jamais attendue à éprouver un tel respect devant son courage et son altruisme.

— Ce qu'il y a dans les cartons est trop grand pour l'instant, reprit-elle. Quand vous lui donnerez ces vêtements, plus tard, vous lui direz que c'est de ma part?

— Vous le lui direz vous-même. Vous pourrez continuer à la voir...

— Non, si je la revois, je n'aurai plus la

force de l'abandonner. Cessez de me l'amener!

Je pris Bonnie dans mes bras, car elle n'était plus pour moi qu'une enfant meurtrie, comme tant d'autres que j'avais serrées sur mon cœur. Qu'aurait été sa vie si, à treize ans, elle avait pu se réfugier en lieu sûr? En regardant Karen câliner sa poupée sur la banquette arrière, j'eus pratiquement la réponse à cette question.

De retour à la maison, je cédai à ma joie sans arrière-pensée. Karen serait à nous. Plus de nuits blanches à nous inquiéter! Le procès que nous redoutions tant n'aurait jamais lieu. Nous arrivions à peine à y croire, Bruce et moi.

Le lundi, dès neuf heures du matin, j'annonçai par téléphone à l'assistante sociale de Karen la décision de Bonnie. Je conclus en lui demandant de la convoquer à son bureau pour signer l'acte, après quoi tout serait réglé.

— Très bien, me répondit Linda. Je m'en occupe immédiatement. Elle voudra sans doute signer en présence d'un avocat, mais ça ne pose aucun problème.

Vendredi prochain, tout devrait être en ordre. Meg Richards, la responsable d'adoption, a reçu le dossier la semaine dernière. Ce n'est plus tout à fait de mon ressort, mais il vaut mieux que je me charge de fixer ce rendez-vous, puisque Bonnie n'a jamais rencontré Meg.

Dès le vendredi, je laissai un message à Linda, et je la rappelai la semaine suivante. Elle avait été trop occupée pour fixer le rendez-vous, mais elle s'acquitterait de sa tâche avant la fin de la semaine. Le vendredi suivant, toujours rien. À partir du lundi, son emploi du temps serait moins chargé et elle ferait le nécessaire. Elle ne daigna pas répondre à mes pressants messages, et quand elle se décida enfin à appeler Bonnie, elle apprit que celle-ci avait plié bagage sans laisser d'adresse.

Au foyer, personne n'avait eu de ses nouvelles. Elle avait tout simplement disparu dans la nature, sans signer l'acte d'abandon.

11

J'étais révoltée par la désinvolture dont Linda avait fait preuve alors que l'avenir de Karen était en jeu.

— Ne vous inquiétez pas, me dit-elle. Bonnie va réapparaître et elle signera son acte de renonciation; sinon, nous obtiendrons le même résultat pour cause de défection. Prenez patience...

On aurait pu éviter d'en arriver là! Connaissant la fragilité de Bonnie, Linda aurait dû la faire signer de toute urgence. Ma seule consolation était que Meg Richardson, la responsable d'adoption, se chargerait désormais du dossier. Meg était une femme efficace. J'avais eu l'occasion d'apprécier sa compétence exceptionnelle grâce à la hot line. Bien qu'elle eût un diplôme de sciences de l'éducation et non d'assistante sociale, son bon sens et son humanité compensaient plus que largement son manque de connaissances théoriques.

Étant chargée du dossier de deux enfants vivant chez moi — Lucy et Karen — Meg dut trouver un moyen de tracer une frontière entre ces deux cas. Elle se livra à de véritables jongleries pour éviter toute confusion entre des intérêts différents. Elle nous rencontra tout d'abord, Bruce et moi, pour nous connaître en tant que parents éventuels; puis ce fut le tour de Karen. Plus tard, elle organisa une nouvelle rencontre en insistant sur le fait qu'elle voulait parler exclusivement de Lucy et de ce qui était souhaitable à son sujet. Le dossier de Karen demanderait du temps, mais elle ne doutait pas du résultat. Il y avait « peu de risques juridiques », selon sa formule. Le dossier de Lucy présentait plus de risques, mais pas assez pour retarder le moment de lui trouver une famille.

— Meg, lui déclarai-je au cours de l'entretien que nous eûmes alors, nous pensons, Bruce et moi, qu'il vaudrait sans doute mieux nous laisser tout simplement Lucy. Elle se sent heureuse chez nous et ses résultats scolaires s'améliorent. Je suppose qu'Ellen accepterait de signer un acte d'abandon si elle avait la possibilité de voir Lucy de temps en temps.

Meg nous dévisagea l'un après l'autre avant de me questionner. Manifestement, cette femme n'opterait jamais pour une solution de facilité aux dépens d'un enfant.

— Quels sont vos sentiments à l'égard de Karen ?

— Je ne comprends pas très bien le sens de votre question, répondis-je. Karen est *notre* fille. Nous ne pourrions pas l'aimer davantage si elle était de notre sang. Quand je pense à ma famille, je compte six enfants. Le statut de naissance ne pose pas de problème, n'est-ce pas !

— Et Lucy ? Éprouvez-vous les mêmes sentiments à son égard ?

Soudain mal à l'aise, je me tortillai sur mon siège.

— Eh bien, je suppose que... Pas exactement... Je ne peux pas parler au nom de Bruce, mais, en ce qui me concerne, je suis très attachée à elle; c'est une gamine formidable. Elle ne m'inspire pas les mêmes sentiments que mes autres enfants, mais je crois que j'arriverai à l'aimer...

Bruce acquiesça.

— Je suis sans doute plus proche de Lucy que Kathy, mais je comprends ce qu'elle veut dire. Lucy ne se sent pas aussi intégrée à notre famille que nos autres enfants.

— Lucy mérite mieux qu'une famille qui se contente de l'aimer à demi, conclut Meg. N'a-t-elle pas droit, comme Karen, à des parents pour qui elle est le centre du monde ? Désolée, mes amis, j'éprouve une grande sympathie à votre égard, mais je ne vous considère pas comme la famille idéale pour Lucy.

Quel soulagement, malgré notre embarras ! Meg avait raison : nous tenions à Lucy, mais nous ne souhaitions pas vraiment avoir sept enfants. L'adopter par pitié n'aurait pas été une bonne solution.

Une fois de plus, je ne me sentais pas à la hauteur de la tâche. Je dus admettre que je n'avais rien d'une sainte ou d'un preux chevalier toujours prêt à secourir les opprimés ; je n'étais qu'un être humain comme tant d'autres.

Meg vint plusieurs fois s'entretenir avec Lucy, à qui ces tête-à-tête inspiraient des sentiments mitigés. Par loyauté envers sa mère, elle se sentait coupable d'apprécier l'attention que Meg lui portait. Il fallut ensuite discuter du genre de famille qui conviendrait à Lucy. Mais celle-ci n'avait qu'une idée en tête : rentrer chez Ellen. Elle voulait *sa* maman, et peu lui importait d'être fille unique ou d'avoir plusieurs frères et sœurs.

Fin janvier, Meg filma Lucy avec un caméscope pendant une heure : construisant un bonhomme de neige dans le jardin, se déguisant avec Sara, faisant la lecture à Karen. Elle joua les présentatrices de talk-show pour l'interroger sur son école et les sports qu'elle pratiquait ; ensuite, elle me donna un questionnaire à remplir. Hormis des résultats scolaires encore insuffisants, je n'avais pratiquement rien de négatif à signaler. Lucy était l'exemple même d'un phénomène dont on allait beaucoup parler pendant les années suivantes : « la résilience. »

Ni belle ni brillante, Lucy ne cherchait pas à attirer l'attention. Elle se contentait de faire de son mieux et de trouver son plaisir partout où elle le pouvait. Elle se satisfaisait d'une journée de pluie ou de soleil, d'un jean neuf ou d'une robe d'occasion, d'un *home run* au base-ball et d'un C en orthographe. Il n'y avait pas une once de méchanceté en elle, et la famille qui l'adopterait aurait beaucoup de chance.

Après m'avoir laissée deux semaines sans nouvelles, Meg proposa de venir voir Lucy le vendredi suivant, si possible hors de la présence des autres enfants. Ménager un moment de calme chez moi n'était pas une mince affaire. Mes gosses devenaient nerveux dès que je cessais de m'intéresser à eux pendant un certain temps ; quant à Sara, il lui arrivait de perdre réellement la tête. Les bons jours, elle se contentait d'avoir des comportements bizarres et elle était si excitée qu'elle devait se blottir dans mes bras pour se sentir en sécurité. Les mauvais jours, elle devenait infernale. La visite d'une assistante sociale était une expérience difficile pour elle, d'autant plus que la sienne avait été nommée ailleurs au moment précis où elle commençait à lui faire confiance.

Faute de mieux, j'ai décidé de payer Neddy pour qu'elle s'occupe de Karen et de Sara au premier étage.

Meg arriva à l'heure, un vrai miracle pour une assistante sociale. Elle avait un gros album de photos sous le bras. Après l'avoir déposé avec précaution dans un coin, tout en échangeant quelques mots avec moi, elle s'adressa à Lucy.

— Sais-tu, lui dit-elle, que j'exerce le plus beau métier du monde? Je cherche des familles pour les enfants qui en ont besoin... Je sais que tu as déjà deux familles. Tu as Ellen, ta mère de naissance, qui t'aimera toujours et que tu aimeras toujours. Mais tu ne peux pas vivre avec Ellen : elle a trop de problèmes pour veiller sur toi et te protéger. C'est pour cela que tu vis chez Bruce et Kathy, qui sont aussi ta famille... une famille provisoire qui te garde pendant que ta maman, ton assistante sociale, ton avocat et le juge réfléchissent à une meilleure solution pour toi. Bruce et Kathy t'aiment, tu les aimes aussi, mais ce n'est pas dans leur famille que tu pourras grandir. Il te faut une famille bien à toi. On m'a chargée de la chercher, et je crois que je l'ai trouvée.

Lucy était au bord des larmes ; ses lèvres se mirent à trembler. Meg posa l'album de photos sur ses genoux.

— Cette famille a composé un album spécialement pour toi. On va le regarder ensemble.

Assise de l'autre côté de la pièce, je me demandai si cette invitation s'adressait à moi aussi. Comme Lucy ne bougeait pas, je me levai et la pris par la main.

— On y va ?

Lucy se rapprocha légèrement de Meg, sans lâcher ma main.

L'album était merveilleux. Les premières pages concernaient la famille proche (le papa, la maman et le fils aîné), puis venait la famille élargie (grands-parents, oncles, tantes, apparemment plusieurs douzaines de cousins...), et même le chien. Il y avait des photos de vacances, des photos scolaires, des vues de la maison et du voisinage. Sur chaque page, je lus des explications et des commentaires chaleureux et enthousiastes. La dernière était consacrée à la chambre préparée pour Lucy par Sam et Edith Malloy. Une délicieuse chambre, avec des roses peintes au pochoir, ainsi qu'un édredon et des rideaux rose et blanc. La bibliothèque croulait sous les livres, et une superbe maison de poupées trônait dans un coin.

Après avoir contemplé chacune des photos, Lucy parut beaucoup plus enthousiaste ; elle se décida même à poser quelques questions.

— Je serai vraiment le seul enfant chez eux ? Est-ce qu'il faudra que je les appelle

« papa » et « maman » ? Ils m'ont vraiment choisie ?

— Leur fils est déjà adulte, et ils t'ont choisie parmi tous les enfants dont on leur a parlé, répondit Meg honnêtement.

Quant à la manière de les appeler, le problème était plus délicat.

— Rien ne t'oblige à les appeler tout de suite « papa » et « maman », précisa-t-elle. Nous procéderons par étapes... Tu vas d'abord les rencontrer ici. Un ou deux jours après, ils feront une petite sortie avec toi. Le lendemain, ils t'emmèneront peut-être dîner. Ensuite, tu iras dormir chez eux un certain nombre de fois, et on pourra discuter de la date de ton installation. Au bout d'un certain temps, tu auras peut-être envie de les appeler « papa » et « maman », parce que tu sentiras qu'ils sont un père et une mère pour toi.

— Mais ma vraie maman ? Elle ne sera pas contente si j'appelle quelqu'un d'autre « maman ».

— Avec des parents adoptifs, la situation n'est pas la même que dans une famille d'accueil. Ta famille d'adoption sera ta nouvelle famille parce que tu t'y sentiras aimée et protégée. Cela ne veut pas dire que tu cesseras d'aimer Ellen et qu'elle cessera de t'aimer. Vous vous verrez de temps en temps et, si tu le souhaites, tu pourras la voir davantage quand tu seras grande. En attendant, Sam et Edith seront tes vrais parents.

— Si je ne les aime pas, je devrai quand même y aller?

— J'ai choisi une famille qui te plaira, répliqua Meg. Et l'adoption se fera quand tu te sentiras prête.

— Quand pouvons-nous faire leur connaissance? demandai-je.

— Si Lucy manque la classe jeudi matin, ils pourraient passer la voir, suggéra Meg.

Il ne me restait que deux jours pour préparer Lucy. Je n'eus aucun mal à me mettre à sa place et à deviner son effroi à l'idée de ce rendez-vous. Comment aurais-je réagi si l'on m'avait imposé un changement de famille? Même si la mienne n'avait pas été parfaite, ne me serais-je pas sentie manipulée?

N'aurais-je pas été dans une colère noire et bien décidée à ne pas coopérer? Je me serais probablement montrée si désagréable que ma nouvelle famille aurait eu envie de me renvoyer illico.

Une simple invitation en week-end peut se révéler très perturbante pour un adulte bénéficiant d'une certaine expérience et d'un équilibre affectif. Qu'en serait-il pour Lucy, qui n'avait que neuf ans et à qui personne n'avait demandé son avis?

Dans l'espoir de l'aider, j'inventai l'histoire d'une petite souris appelée Boo, qui va vivre dans une famille de lapins. Je n'avais pas grand mérite à cela, car je me contentais de poser les questions, et Lucy me fournissait les réponses. À la fin, nous avons décidé que Boo resterait toujours une souris et que la famille de lapins resterait une famille de lapins, mais que tout le monde s'aimerait et se respecterait mutuellement.

Edith Malloy appela le mercredi soir, en principe pour me demander conseil, mais elle voulait surtout parler de Lucy.

Sa chaleur humaine et son désir de lui offrir une vie meilleure me touchèrent.

Elle était déjà bien informée par Meg, mais je pus lui donner une idée plus concrète de la personnalité de Lucy. Edith me posa une multitude de questions sur sa mère et je compris son état d'esprit. Personne ne souhaiterait voler un enfant à des parents trop pauvres pour l'élever! Les parents adoptifs veulent donner leur chance à un enfant qui a *réellement* besoin d'eux. Je conclus notre conversation en parlant de l'anniversaire de Lucy. Le cadeau maternel : des tee-shirts de garçon à une fillette qui rêvait d'un joli vêtement jaune. Edith buvait mes paroles en silence.

Le jeudi matin, Meg arriva en avance, alors que nous nous efforcions, Lucy et moi, de rendre la maison présentable. Lucy avait cherché à minimiser son intérêt à l'égard des Malloy; elle portait néanmoins sa robe de cotonnade à pois jaune et blanc, avec des pâquerettes brodées sur le corsage. Une robe un peu trop sophistiquée à mon goût, et qui ne lui allait pas très bien, mais dont elle était particulièrement fière.

Un peu avant dix heures, j'avais entendu une voiture remonter l'allée : c'était Bruce, que je n'attendais pas. Il avait réussi à s'échapper de son travail quelques heures, pour épauler Lucy en cette grande occasion ; sa curiosité n'avait d'égale que la mienne. Il était là depuis trente secondes à peine quand les Malloy arrivèrent.

Comme d'habitude, le tourbillon de la vie quotidienne me fit perdre tout espoir d'une réunion paisible et sereine sous notre toit. Tout le monde parlait en même temps. Karen fondit en larmes, le téléphone sonna, et notre plus jeune chiot s'oublia sur le tapis. Les Malloy restèrent imperturbables devant ce chaos... tandis qu'Edith prenait Karen dans ses bras, Meg répondait au téléphone, Bruce réglait le problème du chiot, et Sam préparait le café. Je fis les présentations.

Au bout de cinq minutes, nous étions de vieux amis. Si ma voiture tombait en panne dans un parking ou si je me perdais dans une ville inconnue, j'aimerais rencontrer des gens comme les Malloy. Ils ne se singularisaient en rien et ils ne se croyaient pas investis d'une mission, mais ils m'impressionnaient d'autant plus qu'ils ne cherchaient pas à se faire valoir.

Edith, qui portait un jean (autre point positif à mes yeux), s'assit par terre en tailleur, son album de photos familial sur les genoux. Elle commenta chaque page, en ajoutant des détails et des anecdotes amusantes. Blottie entre Bruce et moi, Lucy se dégagea lentement et je la vis s'approcher d'Edith. Je ne sais comment, elle finit par se trouver entre Edith et Sam, qui échangèrent un regard par-dessus sa tête. Edith avait les larmes aux yeux. Elle esquissa un sourire ému; son mari tendit un bras, lui tapota l'épaule, et effleura très délicatement la tresse de Lucy.

Je disparus sous prétexte de me servir une tasse de café supplémentaire. Meg, qui m'avait devinée, me surprit dans la buanderie à m'éponger les yeux avec un torchon. Elle ne dit rien, mais son silence me parut éloquent. En outre, elle était au bord des larmes, elle aussi.

Les Malloy ne tardèrent pas à partir en promettant d'appeler pour dire bonsoir. Ils tinrent leur promesse, comme toutes celles qu'ils firent à Lucy. Au lieu de se cacher derrière mon dos à leur arrivée, ou de refuser de leur parler au téléphone, elle courait à leur rencontre ou décrochait dès la première sonnerie quand ils l'appelaient. À mesure qu'elle se familiarisait avec sa nouvelle famille, elle se détachait de nous. Le jour où je la questionnai sur son projet de travaux pratiques, sa réponse m'inspira une certaine jalousie.

— Avec maman — je veux dire Edith, enfin tu vois... — on va réaliser un village indien. On a déjà presque tout le matériel, et Sam a préparé une grande plate-forme. Ils vont même venir avec moi à l'école la semaine prochaine. Notre projet sera sûrement le plus réussi. Tu peux venir aussi, si tu veux...

Bon, j'étais un peu jalouse. Peut-être très jalouse. Mais réaliste! J'appelai Meg à son bureau et, le temps qu'elle vienne me répondre, je sus ce que j'avais à lui dire :

— Pourquoi attendre davantage ? Une longue période de transition, c'est souhaitable pour les petits enfants ou lorsque les familles ne sont pas tout à fait prêtes, mais nous ne sommes pas dans ce cas-là. Toutes ces allées et venues compliquent la vie de Lucy et des Malloy, alors qu'ils ne demandent qu'à être ensemble.

— J'allais vous contacter cette semaine pour vous suggérer la même chose, répliqua Meg. Les Malloy souhaiteraient vivement inscrire Lucy le plus vite possible dans sa nouvelle école, pour qu'elle se fasse des amis avant l'été prochain. Sam voudrait l'inscrire aussi au soft-ball. Qu'en pensez-vous ? Vous pourriez leur déposer une partie de ses affaires le week-end prochain, et elle déménagerait une semaine après. Ça lui permettrait de dire au revoir à ses camarades sans être bousculée et j'aurais la possibilité de rendre visite à Ellen. Lui avez-vous parlé ?

— Elle a appelé une ou deux fois, mais elle n'a pas dit grand-chose. Son avocat estime qu'elle a été manipulée, et elle prétend qu'il y a un énorme malentendu. Apparemment, il ne fallait pas la prendre au sérieux quand elle nous a proposé d'adopter Lucy. D'après elle, c'est le stress qui lui a fait dire cela...

— Je veux qu'Ellen rencontre Sam et Edith, sans trop culpabiliser Lucy. Elle a droit à une visite ce mois-ci... Si seulement elle pouvait nous faire faux bond !

— N'y comptez pas. Maintenant qu'elle s'inquiète du jugement, elle se donne beaucoup plus de mal pour téléphoner et pour venir quand on l'attend.

— Il n'y aura pas de comparution avant l'automne prochain et je ne pense pas qu'elle pourra devenir une mère modèle d'ici là. D'ailleurs, je parie qu'elle ne tardera pas à retomber enceinte.

— Pourquoi ? demandai-je, étonnée par cette sombre prédiction.

— Parce que ces mères en détresse ont toujours tendance à récidiver, répliqua Meg. Elles tombent enceintes pour qu'on les aime, et elles oublient à quel point un bébé est demandeur. En un rien de temps, elles ne supportent plus de répondre à son attente. Elles le négligent, on le leur retire, et tout recommence un an ou deux après. Je viens de placer un enfant de trois ans dans une famille qui avait déjà adopté ses deux sœurs aînées, et la maman est à nouveau enceinte.

Le vendredi suivant, nous entassâmes une grande partie des affaires de Lucy dans la fourgonnette et roulâmes une heure et demie jusqu'à la maison des Malloy. Ils habitaient un quartier sympathique. Le printemps étant plus précoce dans la vallée que chez nous, les allées pullulaient déjà de bicyclettes et de ballons de basket. Contrairement à ses habitudes, Lucy ne tenait plus en place sur la banquette arrière.

Edith vint nous accueillir. En un temps record, la fourgonnette fut vide et la cuisine pleine à craquer. Lucy m'entraîna dans le vestibule pour me montrer sa chambre.

Debout sur le seuil, je restai muette de stupéfaction. Je me souvenais de la ravissante chambre, avec des roses peintes au pochoir, que j'avais vue sur l'album de photos. Je me souvenais aussi du silence d'Edith quand je lui avais parlé de l'anniversaire de Lucy et de son désir d'avoir « quelque chose de joli... quelque chose de jaune. » Manifestement, un miracle s'était produit durant les semaines précédentes, car la chambre n'était plus rose, mais jaune. D'un jaune jonquille éblouissant — y compris les rideaux et l'édredon.

12

Quand vint l'automne, Bruce Jr emménagea dans un studio et Nathan partit pour l'université. Benjamin et Neddy allaient au lycée ; les sports et la musique les absorbaient à tel point qu'ils rentraient rarement avant sept heures du soir. Angie, qui était au collège, participait elle aussi à de nombreuses activités extra-scolaires. Petit à petit, le centre de gravité de notre famille semblait se déplacer de nos enfants biologiques et adoptifs — désignés comme « les aînés » — aux enfants plus jeunes que nous accueillions.

Yolanda, une ravissante fillette de deux ans, avait rejoint Karen et Sara dans les deux grandes chambres du premier étage. Yolanda avait déjà séjourné quelques mois chez nous l'année précédente. Anya, sa mère, souffrait de graves problèmes psychiatriques : elle se comportait normalement à condition de prendre ses médicaments ; sans eux, elle entendait à la radio des voix la menaçant de venir enlever sa fille. Avant son second séjour chez nous, Yolanda avait donc passé cinq mois enfermée dans le petit appartement de sa mère, à manger devant la télévision. Déjà grassouillette la première fois, elle était devenue réellement obèse.

Après une quinzaine de jours de déprime, elle avait retrouvé son exubérance à mesure qu'elle reprenait l'habitude de sortir, d'aller en classe et de se nourrir sainement. Son rire communicatif retentissait à nouveau dans la maison. Chacun de nous aimait Yolanda. Même Sara, qui se méfiait habituellement de toute personne susceptible de la priver de mon attention, l'emmenait jouer dehors avec elle.

La présence de Yolanda me procura un bénéfice inattendu : Dan et elle partageaient le même « assistant social ». Cela me permit d'avoir de ses nouvelles — des nouvelles peu réjouissantes, hélas! Il était trimballé d'institution en institution, faute de pouvoir trouver un endroit où l'on pourrait répondre à ses nombreux besoins. Bien que cela ne lui fût d'aucun secours, je savais au moins où il en était. Légalement, je n'avais plus mon mot à dire, mais j'appréciais d'entendre parler de lui, et je pouvais m'imaginer, à chaque déplacement, que ce serait le bon.

Karen, Sara et Yolanda formaient le noyau de notre famille, mais d'autres enfants arrivaient chez nous assez régulièrement. J'ajoutais chaque nom à la liste affichée sur la porte de mon réfrigérateur, au milieu du tout-venant de notre vie familiale. De petits aimants en forme de fruits retenaient une recette de muffins aux myrtilles, un rappel de rendez-vous chez le dentiste, ou une invitation à un anniversaire. La dernière dictée de Lucy côtoyait le certificat de footballeur de Ben. Il y avait aussi des notes à mon usage personnel : jeudi, dix heures trente... Quel jeudi? Où étais-je censée aller? N'avais-je rien oublié? Avais-je reçu quelqu'un ici? Périodiquement, je procédais à un grand nettoyage et je classais tout. Les photos allaient dans les albums, les rendez-vous dans mon agenda, et ce qui n'avait plus aucune importance dans la poubelle.

Ma liste ne subissait pas le même traitement. Je l'avais établie le jour où j'étais tombée sur la photo d'un adorable gamin, aux grands yeux sombres et aux joues rebondies, que j'étais incapable d'identifier. Je me souvenais vaguement que nous l'avions emmené à l'église un dimanche, mais son nom et les circonstances de son arrivée m'échappaient. Cet incident me contraria pendant plusieurs jours. Si un enfant passait chez moi, même brièvement, je devais prendre cet événement en compte. Oublier un seul enfant était aussi humiliant pour moi que pour lui. C'est ainsi que naquit ma liste.

Bien peu de choses, en fait! Prénom, âge approximatif, durée du séjour, éventuellement un détail significatif. Il m'arrivait d'indiquer aussi l'adresse d'une famille, d'un centre d'accueil ou d'un hôpital. Cette liste donna à ma vie la structure qui lui faisait défaut.

Un prénom, pourtant, y figurait sans aucune précision complémentaire : Audrey. Ce prénom suffisait, car Audrey n'était jamais arrivée chez nous.

Après l'adoption définitive de Lucy, nous avions envisagé, Bruce et moi, un nouveau placement à long terme. Une fois de plus, nous nous sentions prêts à accueillir un bébé posant des problèmes médicaux. Ces bébés, dont l'état exige des soins à plein temps, ne manquent guère ; Susan, notre assistante sociale, n'eut donc aucun mal à nous présenter deux bébés en moins d'une semaine. Le premier avait été cruellement battu et l'on ne savait pas encore avec exactitude quels soins il lui faudrait. Le second avait été victime du destin, et c'est lui que nous choisîmes.

Audrey était née avec une multitude d'anomalies congénitales. Son cerveau paraissait intact, ses muscles sains et robustes, mais tout le reste — son foie, son intestin, son cœur, ses reins — était défectueux. Elle avait besoin de tubes pour se nourrir, pour éliminer et pour respirer. L'objectif était de la garder en vie jusqu'à ce qu'elle soit assez grande pour supporter l'opération permettant de résoudre ses nombreux problèmes. À sept mois, elle avait passé toute son existence à l'hôpital. Sa mère était jeune (dix-huit ans à peine), célibataire, et incapable de lui prodiguer les soins nécessaires. Les services sociaux souhaitaient la sortir de l'hôpital et la placer en famille d'accueil, dans l'espoir que la stimulation affective qu'elle trouverait dans ce contexte l'aiderait à prendre du poids et à se développer.

Mais quelle famille accepterait une telle responsabilité? Nous devions impérativement voir ce bébé avant de nous prononcer.

Le centre médical n'était qu'à une heure de chez nous. Nous libérâmes donc un dimanche, Bruce et moi, pour aller rendre visite à Audrey. Ce centre me parut aussi accueillant que possible : des papiers muraux colorés, une multitude de jouets, de cassettes vidéo et de rocking-chairs dans chaque chambre. Il était clair, malgré tout, qu'il s'agissait d'une unité réservée aux enfants très gravement malades. Les amygdalectomies et les jambes plâtrées n'y avaient pas leur place. Et parmi ces enfants souffrant de cancer, d'anomalie cardiaque ou du sida, Audrey était de loin la plus atteinte.

Dans le grand berceau de l'hôpital, elle me parut minuscule. Les tubes émergeant de tous les points de son corps donnaient une impression de fragilité à laquelle nous n'étions pas totalement préparés. Audrey partageait sa chambre avec deux autres enfants. Une fillette de quatre ans au corps bizarrement tordu par une sorte de paralysie ; un jeune garçon opéré quelques mois plus tôt d'une tumeur rénale, et dont le scanner cérébral présentait maintenant une ombre suspecte.

J'entendais les parents de ces enfants téléphoner depuis la chambre à des membres de leur famille : la panique suintait à travers chacun de leurs mots. Avant de me concentrer sur Audrey, je remerciai Dieu en silence pour le troupeau exubérant et indiscipliné que j'avais laissé à la maison; je regrettais d'avoir reproché à Ben, le matin même, des traces de boue laissées sur le sol de la cuisine.

Bruce, qui travaillait dans un hôpital, me parut moins intimidé que moi par l'enchevêtrement de fils et de tubes entourant Audrey. Bien qu'il eût une formation d'ingénieur et non de médecin, il comprenait le sens de tous ces bips. Je me sentais épouvantée à l'idée de ce qu'impliquerait la présence d'Audrey chez nous. Les enfants que l'on m'envoie ont habituellement enduré les pires épreuves. Grâce à l'expérience que j'avais acquise, je ne risquais plus de prononcer des paroles ou de commettre des actes irréparables. Avec Audrey, le problème était différent, car la moindre erreur risquait de lui être fatale. D'ailleurs, elle allait probablement mourir. Malgré le peu de temps que nous avions passé avec elle, je n'en doutais pas.

Son infirmière était une personne sereine, aussi affable que compétente. Elle nous donna des précisions sur le fonctionnement des cathéters. Bruce lui posa des questions pertinentes et parut comprendre ses réponses, mais je me sentais de plus en plus perdue. Je me ragaillardis un peu lorsque je pus prendre Audrey, momentanément déconnectée d'une partie de sa machinerie, dans mes bras. Sans être jolie, elle était plutôt mignonne et paisible. Tout en la berçant, je perçus que quelque chose n'allait pas : au lieu de me sentir émue comme autrefois par Shamika, j'avais l'impression de tenir entre mes mains un fragment de cristal.

Notre visite se prolongea, le temps de prendre des notes et d'établir une longue liste de démarches. Sur le chemin du retour, tandis que Bruce me parlait des problèmes logistiques que nous poserait Audrey, je sentais ma colère gronder. Ne pouvait-il pas comprendre que cette responsabilité était au-dessus de mes forces ? J'aurais dû lui dire ce que j'éprouvais. Il aurait sans doute été surpris et vaguement déçu, mais il ne se serait sous aucun prétexte opposé à ma volonté. En fait, je ne voulais pas admettre que cette tâche me dépassait. Puisque j'avais jusque-là mis un point d'honneur à m'occuper d'enfants difficiles, exclus de la société comme Danny et Sara, tourner le dos à Audrey représentait pour moi un échec.

Mais allais-je mettre un bébé en péril au nom de mon ego? Telle était la question.

Je passai plusieurs jours pendue au téléphone, à me renseigner sur les services de soins à domicile et les groupes électrogènes disponibles dans les casernes de pompiers locales. Je discutai avec Susan, avec l'infirmière des services sociaux et avec l'assistante sociale d'Audrey à l'hôpital. Je n'avouai à personne mes inquiétudes ou mon manque d'enthousiasme : j'étais à peine capable de me les avouer à moi-même. En fin de semaine, je décidai de rendre à Audrey une rapide visite pour me prouver que Bruce avait raison et que tout cela n'était qu'une affaire d'organisation.

À mon arrivée, la chambre où tant de gens s'affairaient la première fois était étrangement calme. Je me réjouis de pouvoir passer un moment seule avec le bébé. Les différents graphiques que j'aperçus me semblèrent assez indéchiffrables. Après avoir poussé une chaise près du berceau, j'observai Audrey : elle dormait sur la couverture que je lui avais apportée à ma précédente visite. Fixée au mur, derrière elle, une image tirée d'un album de coloriage était signée « cousine Emmy ». En vérité, je ne savais pratiquement rien de sa famille.

Audrey avait un sommeil agité : elle se retournait dans son berceau en geignant. Je tendis la main pour dégager quelques mèches de son front et je fus surprise de la sentir si chaude. Presque brûlante. Je sonnai ; l'infirmière entra en coup de vent.

— Quelle bonne surprise ! me lança-t-elle. Êtes-vous prête à essayer d'insérer la canule d'alimentation ?

— Pouvez-vous toucher son front ? J'ai l'impression qu'il est brûlant et qu'elle respire bizarrement.

Quelques secondes après, l'infirmière fronça les sourcils.

— Vous avez raison. Je vais vérifier ses fonctions vitales... Elle fait peut-être une infection.

Une nuée de médecins et d'infirmières envahit la chambre. Malgré mes difficultés à déchiffrer leur jargon, je compris l'essentiel : il y avait une infection au niveau des poumons. Audrey, dont la température montait en flèche, souffrait sans doute d'une pneumonie.

Je me sentais absolument inutile et étrangement paniquée. Tout à coup, je m'inquiétais pour Audrey beaucoup plus que pour n'importe quelle autre petite fille gravement malade. Je ne voulais pas qu'elle meure.

Un groupe d'internes observèrent sa courbe de température, firent une prise de sang et tinrent un bref conciliabule avant de rouler discrètement son berceau jusqu'à l'unité pédiatrique de soins intensifs. Sachant que je n'y aurais pas accès et que l'équipe soignante n'aurait pas le temps de me parler, je m'éclipsai par une sortie de secours. Pour une fois, j'appréciai le fait que le long trajet de retour me donne le temps de rassembler mes esprits.

Chez moi, je passai un moment à jouer à la poupée avec Karen et à lui lire un livre. Quand elle s'endormit, ma décision était prise. J'appelai Susan, l'assistante sociale de l'hôpital, et Patty, l'infirmière des services sociaux, pour leur dire une chose fort simple : je ne pouvais pas me charger d'Audrey. Même avec le soutien d'infirmières à domicile, même si je n'accueillais pas d'autres enfants, cette tâche dépassait mes capacités. J'avais souvent dit à mes filles aînées que leur mère les avait fait adopter parce qu'elle ne pouvait pas s'en occuper, malgré son amour pour elles. Je comprenais enfin le véritable sens de ces mots. L'angoisse et le chagrin que peut ressentir une mère en décidant qu'elle n'est pas en mesure de s'occuper elle-même de son enfant.

Mon dernier appel était destiné à Bruce. Je n'éprouvais plus la moindre animosité à son égard. Comment aurait-il pu se douter de mon angoisse, alors que mon orgueil m'empêchait de l'admettre à haute voix?

Selon son habitude, il se montra philosophe. Tout en admettant qu'Audrey représentait peut-être un fardeau trop lourd, il souhaitait qu'elle parvienne à survivre. Nous pourrions venir en aide à un autre bébé, car les cas difficiles ne manquaient pas.

Je raccrochai, exténuée, mais profondément soulagée. Personne ne me jugeait égoïste, paresseuse ou stupide. Tout le monde comprenait que je n'étais pas vouée à sauver tous les bébés en perdition de ce bas monde.

Ma liste était fixée de guingois à la porte du réfrigérateur. Légèrement tachée, elle avait acquis une patine de beurre de cacahouètes et de ketchup. Après une minute de réflexion, j'y ajoutai le nom d'Audrey et sa date de naissance. Elle n'avait jamais vécu chez nous et je ne l'avais tenue qu'une fois dans mes bras, mais elle était des nôtres.

Au fil des ans, j'ai souvent réfléchi à mon refus et aux raisons pour lesquelles j'ai eu tant de mal à l'exprimer. Voici ma conclusion : je voudrais mener une vie qui pèse un certain poids, une vie qui compte ! Pour y parvenir en tant que maman d'accueil, je dois faire en sorte que tous les enfants accueillis sous mon toit tirent profit de cette expérience. Je ne suis pas assez naïve pour m'imaginer que je peux résoudre tous les problèmes et donner à chaque enfant ce dont il a besoin. Dan et Sara sont bien placés pour en témoigner, mais j'ai la certitude qu'ils sont partis l'un et l'autre avec un peu plus que ce qu'ils avaient à leur arrivée. En inscrivant leur nom sur ma liste, je me suis permis d'espérer que nous avions mutuellement enrichi nos vies.

13

Telle un chaton espiègle, Sara rôdait en marge de notre famille, souhaitant désespérément en faire partie, mais se sentant isolée à la fois par sa peur et par son manque d'expérience d'une vie comme la nôtre. Le départ de Lucy dans ce que nous considérions tous comme sa « famille définitive » ne fit qu'aggraver les choses. Elle était à la fois coléreuse et jalouse, une conjonction redoutable. Sa colère prenait presque fatalement pour cible la personne la plus vulnérable de la maisonnée, et il y avait toujours un élément sexuel dans sa violence.

Sandra, la psychothérapeute de Sara, était de plus en plus préoccupée par certains de ses comportements, récemment apparus. Sara avait tendance à s'arracher les cheveux quand elle était en colère, ou à se griffer profondément les bras. Elle étalait ses excréments, même à l'école, et je la surpris un jour dans les toilettes en train de dérouler des serviettes hygiéniques usagées.

Mettre les autres enfants à l'abri de ses jeux sexuels était une tâche de tous les instants. Sandra ne s'en étonnait guère; elle fit de son mieux pour me préparer à toutes les éventualités et à la manière de réagir. J'eus du mal à suivre son raisonnement, mais nous avons installé un système d'Interphone assez sophistiqué entre les chambres et les pièces communes pour ne jamais perdre de vue ce qui se passait. Malgré tout, nous ne voulions pas admettre la gravité du problème et je me persuadais que l'état de Sara n'était pas réellement inquiétant. J'avais besoin de me faire des illusions, car je tenais beaucoup à cette petite fille. Après avoir fait mon compte rendu hebdomadaire à Sandra, je m'empressais de négliger ses conseils de prudence, en m'imaginant que

si je traitais Sara comme un enfant normal, elle serait *normale*.

Le reste de la famille ne partageait pas
mon attachement excessif pour Sara et
supportait beaucoup moins bien que moi
sa conduite. Les garçons, en particulier,
n'appréciaient guère ses manœuvres de
séduction et cherchaient de plus en plus à
l'éviter.

Les matchs de foot et de base-ball du
printemps avaient commencé aussitôt
après le départ de Lucy. Tous mes gosses
jouaient dans une équipe ou une autre, et
nous devions passer un temps fou en voiture. Cela n'aurait été qu'un inconvénient
mineur si je n'avais pas découvert la pho-
bie de Sara. Avait-elle vécu jadis une
expérience traumatisante dans une voiture? En tout cas, il suffisait d'une allusion à un trajet en auto — ailleurs qu'à
l'épicerie ou chez sa psychothérapeute —
pour qu'elle se cabre instantanément.

Je n'avais aucun mal à l'empoigner et à
la porter jusqu'à la voiture, car elle était
assez menue. Mais une fois arrivée, je
devais la poser pour ouvrir la portière;

elle repartait tout droit en direction de la maison, moi à ses trousses. Je la récupérais, elle refusait de s'asseoir sur le siège arrière. Au bout de quelques minutes, je finissais par boucler sa ceinture de sécurité. Le temps que j'atteigne mon siège, elle l'avait immanquablement détachée et elle était ressortie en hurlant : « Non, tu ne m'obligeras pas à y aller ! »

Cette comédie m'épuisait, mais je n'avais jamais supposé que Sara agît ainsi par simple esprit de contradiction. Elle n'était jamais aussi violente, sauf quand elle avait une bonne raison d'être épouvantée — comme au moment de prendre son bain.

Je crains de m'être laissée piéger par ce problème de voiture. Sara devenait un bloc intransportable, et moi une force irrésistible. Nous nous affrontions presque chaque jour à ce sujet. Il m'arrivait de gagner ; je sortais alors ma voiture de l'allée avant qu'elle se soit dégagée brutalement de sa ceinture de sécurité. Quand elle était gagnante, je la laissais à la maison avec Bruce.

Ces scènes procuraient évidemment quelques bénéfices secondaires à Sara, car toute notre attention se tournait vers elle et nos déplacements étaient tributaires de ses explosions de rage. Malgré mon emploi du temps surchargé, j'essayais de ne pas attacher trop d'importance à ce problème de plus en plus contrariant. Tant qu'il ne s'agissait que de mes enfants, je parvenais en général à me débrouiller. Mais je faisais partie d'un groupe d'accompagnement, et la présence de deux enfants supplémentaires ne simplifiait pas les choses — d'autant qu'Angie et Neddy se sentaient humiliées quand leurs copains assistaient à de tels épisodes. Je craignais aussi que, dans le milieu scolaire, Sara ne finisse par passer pour légèrement « dérangée ».

Un beau jour, ce problème devint si aigu que je fus contrainte à remettre en question ma manière de le gérer. J'étais en retard (par rapport à mon emploi du temps habituel) et plus ou moins sur les nerfs. Dès que Sara vit les filles apporter leurs bouteilles d'eau et leurs sandwiches dans la voiture, elle se mit à geindre. Sans me donner la peine de lui parler et d'essayer de la convaincre, je l'empoignai et la coinçai sous mon bras comme un ballon de foot, puis me dirigeai vers la fourgonnette. À chacun de mes pas, ses hurlements devenaient de plus en plus assourdissants.

Furieuse, mais encore capable de me maîtriser, je flanquai Sara sur un siège avant d'attacher sa ceinture. Je présume que c'était involontaire, mais elle me décocha un coup de pied dans la mâchoire. Après plusieurs semaines d'enfer, j'explosai sous ce choc doulou-reux. Je détachai Sara et la traînai dehors en me moquant éperdument d'avoir l'air cinglée. Dans ma rage, je voulais rentrer à la maison pour lui infliger une bonne cor-rection. Se sentant agressée par mon comportement, elle me lança une volée de coups de poing. Avant même que je la repose à terre, elle se lacérait le visage et s'arrachait les cheveux. Sa crise d'hystérie me ramena brusquement à la raison, mais il était trop tard. Bien que ses ongles soient coupés ras, son visage était couvert de stries sanglantes. Je me sentis encore plus bouleversée à la vue de la poignée de cheveux qu'elle tenait dans la main.

— Sara, arrête de te faire du mal! m'écriai-je.

Sara ne m'entendait plus. Enfermée dans un monde auquel je n'avais pas accès, elle hurlait de plus belle.

Arrivée à la maison, je l'assis sur mes genoux. En coinçant ses jambes entre les miennes et en serrant fortement son torse entre mes bras, je l'immobilisai, mais elle ne cessa pas pour autant de crier.

Les familles d'accueil ne sont pas censées exercer la moindre contrainte physique sur les enfants : on ne sait jamais à quel excès cela pourrait les mener. En outre, plus d'un enfant est mort à la suite de sévices exercés par des professionnels.

Cependant, personne ne nous dit ce qu'il faut faire quand un enfant perd le contrôle de lui-même. Appeler une ambulance et procéder à une hospitalisation ne serait pas réaliste. Les enfants que nous accueillons ont subi toutes sortes de traumatismes et les crises de nerfs sont un phénomène quotidien. Si nous avions systématiquement recours aux services d'urgence, le système hospitalier ne tarderait pas à être paralysé. Lesdits services ne sont pas aptes à faire face aux urgences pédiatriques, et les hôpitaux psychiatriques manquent déjà de lits pour les cas vraiment graves.

Nous nous débrouillons donc avec les moyens du bord, mais chaque fois que nous maintenons un enfant au sol pour l'empêcher de se blesser ou de blesser quelqu'un d'autre, nous risquons d'être accusés de maltraitance, ou pire encore. Par conséquent, il n'est pas rare que des familles refusent d'accueillir un enfant susceptible de piquer des crises de nerfs.

Tandis que je m'efforçais de calmer Sara, Nathan surgit avec un copain du lycée. Matt, un garçon paisible, était le fils unique d'une artiste et d'un professeur. Qu'a-t-il pensé en entrant dans ma cuisine ? Sara avait les yeux vitreux de terreur et de rage. Assise, le visage écarlate et la crinière en bataille, j'étais l'image même de la mégère s'acharnant sur sa victime.

— Bonjour, les garçons, lançai-je. Excusez-moi de ne pas me lever; Sara a un problème, mais je suis sûre qu'elle ne tardera pas à aller mieux...

Je maintenais dans mes bras une petite fille hystérique, tandis qu'une voiture pleine de footballeuses m'attendait dehors. Mais j'avais une voix fraîche et joyeuse, comme si rien n'était plus banal que la situation dans laquelle je me trouvais.

Certainement embarrassé, Nathan me répondit sans perdre le nord.

— Nous étions sur le point d'aller au club de golf. As-tu besoin d'aide?

— Je vous offre votre partie de golf et un soda si tu déposes tes sœurs et les petites Mitchell à leur entraînement de foot.

— D'accord, on s'en occupe!

Après le départ de Nathan et Matt, Sara et moi restâmes serrées l'une contre l'autre pendant quelques minutes. Notre respiration s'apaisa à mesure que je lâchais prise.

— Je n'ai pas fait exprès de te donner un coup de pied, me dit-elle d'une voix presque inaudible.

Je répondis que je le savais et ne réussis pas à en dire plus. Quand le téléphone sonna, je n'eus pas la force de décrocher.

— Sara, si tu me parlais de ton problème avec la voiture? murmurai-je finalement, en la gardant sur mes genoux. Si je savais pourquoi tu as si peur, je pourrais peut-être t'aider.

— Je déteste la voiture. Est-ce que j'ai besoin d'avoir une raison?

— Je suppose que non...

Sara me regardait, les yeux dans les yeux.

— Tu vas me renvoyer?

Ses yeux étaient troubles, comme ceux d'un nouveau-né.

— Je n'ai jamais renvoyé un enfant, Sara, à moins de ne vraiment rien pouvoir pour lui.

— Alors, tu vas me battre?

— Tu sais bien que je ne bats jamais personne!

— Tu peux me dire où est ma maman? Cette question me surprit.

— Non, répondis-je. Tu te souviens de ce que je t'ai dit? Il paraît qu'elle est en Floride, mais je n'en suis pas sûre. Tu voudrais la voir?

— Je crois. Quelquefois, elle me manque, mais je ne pleure pas. Je pense un moment à elle...

— T'arrive-t-il de te demander si je vais t'emmener quelque part et te laisser? Comme quand on t'a déposée ici.

Elle haussa les épaules d'une manière imperceptible. Je réalisai, le cœur serré, que j'avais beau être compatissante, je ne pourrais jamais me mettre à la place de Sara, de Dan ou de Lucy. Mes parents avaient vécu plus de cinquante ans en couple. Mon frère et ma sœur aînés les avaient aidés à nous élever, mon petit frère et moi. Nous étions extrêmement liés tous les quatre, nous dînions souvent ensemble et nous avions des conversations presque quotidiennes au téléphone.

Avant de devenir « maman d'accueil », je ne m'imaginais pas qu'avoir une famille était un privilège. Je n'avais jamais eu faim sans être sûre de manger; j'avais toujours eu assez chaud; on m'avait toujours câlinée et protégée; jamais on ne m'avait quittée sans la promesse de revenir. Je n'étais donc pas capable d'appréhender pleinement la réalité quotidienne de certains enfants. Mes capacités de compréhension et d'endurance avaient des limites naturelles. Je pouvais deviner un peu, mais je ne pouvais pas — et ne voulais pas — tout savoir. Je pouvais m'occuper de Sara et l'aimer, mais connaître son passé ou le changer était hors de ma portée.

Dès qu'elle m'a paru plus calme, je l'ai envoyée jouer dehors avec Karen et des enfants du voisinage. Je me suis servi un verre de thé glacé, et je les ai surveillées, assise sur la terrasse. Sara avait le visage encore rouge et bouffi. Elle se tenait légèrement à l'écart et je l'entendais partir de temps en temps d'un rire nerveux. Est-ce qu'une part de ses problèmes avait son origine dans ses incertitudes concernant son avenir ? Sharon ne lui donnait aucun signe de vie. Annie et Thomas étaient tous deux dans de lointaines institutions. Apparemment, son père ne s'intéressait plus à elle.

Au début de la semaine, j'avais reçu un appel de Nelson Meyers, un avocat représentant la DSS devant les tribunaux dans les procédures où cette dernière souhaitait qu'un juge prononce la déchéance de l'autorité parentale d'une personne sur son enfant — une démarche nécessaire pour qu'une adoption soit légale. Meyers m'avait donné rendez-vous afin de discuter de mon témoignage visant à priver les deux parents de Sara de leur autorité.

Hormis une brève prestation en tant que juré, quelques années plus tôt, je ne m'étais jamais présentée devant un tribunal, et j'avoue que ce projet ne m'enchantait guère. Moi qui ai la larme facile, je devrais m'asseoir dans le box des témoins et raconter tout ce que Sara m'avait appris sur les violences dont elle avait été victime. Et cela avec l'assurance d'une « professionnelle ». Un exploit que je n'étais pas certaine de pouvoir accomplir...

D'autre part, le père de Sara serait présent. Bien que je ne l'aie jamais rencontré, j'avais entendu dire assez de mal à son sujet pour le craindre. Je ne voulais pas qu'il connaisse mon nom et mon adresse, mais il avait droit à ces informations si je témoignais contre lui.

Les fillettes continuaient à jouer, indifférentes à mes soucis. Karen venait d'apprendre à faire des culbutes. Elle réitéra sa manœuvre à plusieurs reprises. « Maman, regarde ! », criait-elle en se roulant dans l'herbe. Elle avait bien grandi. Une belle petite fille, dotée d'un aplomb qui manquait, hélas ! aux autres enfants placés sous ma garde.

Nous n'avions pas de nouvelles de Bonnie depuis des mois et ses coordonnées restaient un mystère. Cela rendait la procédure d'autant plus difficile, car le département juridique de la DSS devait prouver au juge qu'il avait épuisé tous les moyens de la localiser pour lui signifier son intention de faire adopter Karen. Heureusement, Meg était une assistante sociale sérieuse et zélée. Elle m'appelait souvent pour me tenir au courant et elle rendait visite chaque mois à Karen. J'appréciais le rôle qu'elle jouait dans sa vie et je me réjouissais à l'avance de ses visites.

Sam, l'avocat de Karen, restait lui aussi en contact avec moi. Mais il n'avait pas grand-chose à faire jusqu'en décembre, date à laquelle cette affaire passerait en jugement. Il se contentait donc de m'appeler de temps en temps pour s'assurer que tout allait bien.

Effectivement, tout allait bien, me disais-je en observant Karen. Elle avait encore du mal à se séparer de moi, mais je voyais là une conséquence de son âge, des allées et venues des autres enfants, et de son histoire personnelle. Je n'avais jamais envisagé la possibilité d'un problème plus grave. À près de trois ans, c'était une petite fille délicieuse et précoce.

Quand le téléphone sonna, j'hésitai à

répondre. Mon affrontement avec Sara m'avait épuisée et j'avais réellement besoin de me concentrer sur moi-même, mais Nathan avait pris la route avec une voiture chargée d'enfants. Je décrochai à contrecœur.

— Allô, dis-je d'un ton morne.

— Salut, Kathy.

Je reconnus la voix de Sam.

— Comment se porte Karen ?

— Bien. Elle grandit à toute vitesse. Vous devriez passer la voir. Je comptais vous appeler à propos du jugement; le mois de décembre me semble si loin. J'ai hâte que tout soit terminé. J'espère ne pas avoir à témoigner...

— Je vous appelle justement pour cela, Kathy. Nous avons un petit ennui qui risque de ralentir la procédure. Bonnie est revenue, et son avocat affirme qu'elle est parfaitement sobre et rangée depuis bientôt dix mois. Il présente une requête visant à différer le jugement et à rétablir des visites hebdomadaires, car elle a changé d'avis au sujet de l'adoption. Elle a apparemment une relation stable avec un homme, rencontré aux Alcooliques Anonymes. Ils désirent reprendre Karen...

Pour la première fois de ma vie, je me sentis sur le point de défaillir. Le sang battait si fort dans mes oreilles que la phrase suivante de Sam m'échappa.

— Est-ce possible? demandai-je, affolée. Après ce qui s'est passé, quel juge nous retirerait Karen? Elle ne se souvient même plus de Bonnie.

Sam reprit la parole d'un ton étonnamment calme et posé, mais je n'avais que faire de sa sérénité et de sa logique. Je voulais qu'il crie au scandale lui aussi. Qu'il m'assure qu'aucun juge n'arracherait une fillette à son nid familial pour la placer chez d'anciens drogués, souffrant de problèmes psychiatriques. Mais Sam était un homme de loi, travaillant sur des faits et non des rêves; il me répondit en toute honnêteté.

— Vous avez fait un excellent travail avec Karen. Personne ne doute de votre dévouement ou de celui de Bruce, mais ce n'est pas ce qui importe le plus à un juge. Les meilleurs se préoccupent surtout de

l'intérêt de l'enfant et rendraient probablement un jugement en votre faveur. Les
juges plus âgés s'interrogent plutôt sur les
aptitudes des parents et souhaiteraient
que Karen rentre chez elle.

— Quel juge aurons-nous?

— Montgomery. Nous aurions pu tomber plus mal... Elle est équitable. Il me
semble qu'elle tranche généralement en
faveur des parents de naissance, mais
avec les très jeunes enfants, je sais qu'elle
prend en considération les parents « psychologiques ». Souvenez-vous, Kathy, que
vous n'êtes pas en concurrence avec Bonnie. Le problème sera de savoir si Bonnie
est suffisamment désintoxiquée.

À son retour, Bruce ne me questionna
pas, car Meg l'avait appelé au bureau
pour l'informer. Il me tendit simplement
un bouquet de fleurs et m'attira dans ses
bras.

— Qu'allons-nous faire? murmurai-je.

— Que pouvons-nous faire?

— On pourrait... émigrer au Canada.

— Nous avons cinq enfants et une
hypothèque Pas question de prendre la

fuite, Kathy! Il faut rester et assumer. Espérons que nous serons assez forts, quoi qu'il advienne.

— Quelle idée j'ai eue le jour où j'ai décidé d'accueillir des enfants chez nous! répliquai-je. Il faut être absolument idiot pour s'impliquer dans ce système absurde. Dès que le problème de Karen sera résolu, je donne ma démission. Je recommence à travailler et j'envoie promener la DSS!

— Et Sara?

— Sara? Le système ne fonctionnera pas mieux pour elle... On va la ballotter d'un endroit à un autre, jusqu'au jour où elle sera si perturbée qu'elle aboutira dans un quelconque hôpital psychiatrique. Son horrible père aura gain de cause, parce que la justice se préoccupe plus de ses droits que du mal qu'il a pu faire à sa fille. C'est aberrant, et je n'aurais jamais dû m'en mêler.

Ma colère me fit du bien et je finis par retrouver mon calme. Nous nous blottîmes alors l'un contre l'autre, Bruce et moi, et pleurâmes.

Meg m'appela le lendemain matin. Beaucoup plus optimiste que Sam quant à l'issue de cette affaire, elle n'avait pas l'intention de céder sans se battre. Avant la fin de la semaine, elle inscrivit Karen à un programme d'étude des liens affectifs entre parents et enfants. Une psychothérapeute la verrait plusieurs fois en un mois. Elle irait observer son comportement à la crèche, chez nous, et pendant ses rencontres avec Bonnie. Au terme de cette période, elle présenterait ses conclusions au tribunal, ainsi que des recommandations. Le juge accorderait une grande importance à son point de vue. Ce projet me convenait, mais cela supposait que Bonnie verrait plus souvent sa fille que je ne l'aurais souhaité.

La première visite de Bonnie, fixée par Meg, avait lieu trois jours après ; cette perspective m'angoissait terriblement.

Comment allais-je vêtir Karen ? J'avais assez envie de me faire valoir en l'habillant d'une manière fabuleuse ; cependant, je ne voulais pas attacher une importance particulière à cette rencontre. Finalement, je lui mis sa plus jolie salopette et une chemise assortie. Je remontai ses longs cheveux frisés en deux charmantes couettes. Elle était parfaite, mais... elle ressemblait à Bonnie. Qu'y faire?

Bonnie et Meg nous avaient donné rendez-vous au parc. Ce fut un moment très délicat pour moi. Qu'allais-je dire à Bonnie? Et comment étais-je censée la présenter à Karen?

— Ma chérie, voici ta maman, murmurai-je.

Pour nous venir en aide, Meg demanda à Karen si elle se souvenait de sa mère. Ma petite Karen hocha la tête en faisant la moue et s'agrippa à ma main.

— Reste avec moi, m'man. Ne pars pas!

Navrée, je dégageai ma main et l'embrassai sur les cheveux.

— J'ai des courses à faire, ma chérie. En attendant mon retour, tu vas jouer au jardin avec Bonnie et Meg. À tout à l'heure...

Je partis sans me retourner.

Pendant l'heure suivante, je me sentis

au supplice. J'errai dans les rues voisines en regardant les vitrines. Il y avait un magasin de jouets dont je franchissais rarement le seuil, en raison de ses prix élevés. Ce jour-là, j'y entrai, et remplis mon panier de toutes sortes de babioles scintillantes qu'adorerait Karen. Un quart d'heure après, avec cinquante dollars de moins en poche, je sortais du magasin en me demandant ce que je cherchais à prouver. Voulais-je démontrer à Bonnie ma supériorité sur elle, ou m'assurer que Meg nous considérerait, Bruce et moi, comme les parents les plus compétents ? Espérais-je acheter l'amour de Karen avec quelques bijoux de pacotille et une couronne de princesse en plastique ?

En traversant le parc, j'aperçus Bonnie, Meg et Karen. Karen montrait quelque chose à Bonnie. Bonnie et Meg riaient et j'en éprouvai une profonde jalousie. Je ne voulais pas que Meg sympathise avec Bonnie, ni que Bonnie caresse les cheveux de *ma* fille. Je ne voulais pas que Karen partage ses petits trésors avec cette jolie étrangère, dont le sourire si familier me brisait le cœur. Je voulais que tout reste comme avant la réapparition de Bonnie.

Je ravalai ma rage de mon mieux et m'approchai du trio en arborant un simulacre de sourire. Bonnie resta de marbre, mais le visage de Karen s'illumina à ma vue.

— Regarde, m'man ! Bonnie m'a donné une poupée et elle m'a fait une jolie coiffure.

Karen avait été recoiffée et serrait une ravissante poupée de chiffon contre son cœur.

La suite des événements me fait honte. Chaque fois que quelqu'un me prend pour une véritable sainte, ce souvenir me titille comme une dent cariée. J'aurais dû répondre : « Tu es très bien coiffée, et ta poupée est vraiment jolie ! » Eh bien, comme une méchante sorcière de légende, je sortis de mon sac la couronne de princesse (dont Karen rêvait depuis longtemps) et je la déposai sur ses genoux avec un sourire enjôleur.

Bouche bée, Karen laissa tomber la poupée.

— Ma couronne! Tu m'as acheté ma couronne!

Karen avait à peine trois ans. On peut lui pardonner d'être tombée dans ce piège. Mais moi, avais-je une excuse?

Je vis Bonnie pâlir et mon animosité se dissipa aussitôt. On aurait dit qu'elle manquait d'oxygène. Malgré tout, elle parvint à s'extasier de bon cœur devant la couronne de sa fille.

Tout en feuilletant son carnet de rendez-vous, Meg me foudroya du regard. Elle me règlerait mon compte en temps utile.

— Ne vous donnez pas la peine de prendre une baby-sitter la semaine prochaine, me dit-elle. Je sais que vous êtes très occupée... Je viendrai moi-même chercher Karen pour la visite.

Mon emploi du temps n'avait évidemment rien à voir avec la proposition de Meg. En achetant cette couronne en plastique, je venais de prouver mon incapacité absolue à la personne que je cherchais à impressionner.

Après cet épisode, il m'aurait fallu une fin de journée paisible pour surmonter mon chagrin. Mais la vie n'a rien d'un conte de fées dans les familles d'accueil, et un désastre n'arrive jamais seul.

En mon absence, j'avais confié Sara, Yolanda et deux nouveaux enfants dont j'avais la garde à une adolescente du voisinage. Devant le chaos qui m'attendait, je compris tout de suite qu'elle avait en fait passé son temps au téléphone, tandis que les enfants se débrouillaient tout seuls.

Les deux nouvelles venues étaient Marisol, une gentille fillette de six ans d'origine haïtienne, et Brenda, une gamine de quatre ans pâle, triste et empâtée qui souriait rarement et restait quasiment muette.

Marisol n'avait pas eu de problèmes avec sa jeune mère célibataire avant l'arrivée de son nouveau compagnon. Celui-ci lui donnait des coups de ceinture, sa peau était encore marbrée de vilaines contusions violettes et vertes. Elle aurait pu rentrer chez sa maman si cette dernière avait renvoyé son concubin, mais la jeune femme hésitait. Appréciait-elle de vivre comme une adolescente, déchargée de ses responsabilités maternelles? Ou bien avait-elle peur de cet homme, qui avait infligé des mauvais traitements à Marisol? En tout cas, il était resté, et sa victime avait été délogée.

Quant à Brenda, rien ne la satisfaisait vraiment, à part la nourriture. Sa dépression pesait sur toute la maisonnée. Mes autres enfants, lassés de lui faire des avances, avaient maintenant tendance à l'exclure de leurs jeux. Sa mère était une grande malade mentale, peu intelligente, et je commençais à croire que Brenda était légèrement attardée elle aussi. À la différence de Dan, elle ne se montrait jamais agressive, sans doute parce qu'elle n'en avait pas l'énergie. On l'avait placée en famille d'accueil pendant que sa mère suivait un traitement en hôpital psychiatrique pour se stabiliser. Arrivée chez moi par la hot line, elle ne devait pas rester longtemps. Son assistante sociale cherchait une famille qui accepterait un placement durable, et je commençais à trouver le temps long, tout simplement parce que j'avais trop d'enfants chez moi. À mon avis, il lui fallait une bonne évaluation et une famille d'accueil proche de la sienne, pour maintenir une certaine continuité des soins et de sa scolarité.

Après avoir payé de mauvaise grâce la baby-sitter, j'installai les enfants devant des crayons et du papier et m'attaquai à une montagne de linge à plier. Karen gribouillait avec nonchalance et Yolanda dessinait son école avec force détails; Brenda, après avoir tracé quelques traits sombres sur une feuille de papier, s'était affalée pour contempler le pot de confiture avec concupiscence. Rien de plus normal, mais quelque chose ne tournait pas rond pour Marisol et Sara.

Sara cherchait à se faire bien voir. Agrippée à ma jambe, elle prétendait m'aider à plier le linge, tout en bavardant comme une pie. J'étais la meilleure mère du monde, la meilleure cuisinière, la plus jolie. Et quel dommage que ça ne soit pas le jour du co-voiturage! Elle m'aurait montré qu'elle était capable d'être sage comme une image pendant que je conduisais.

Sara avait un caractère à multiples facettes, mais une telle gentillesse était inhabituelle de sa part. Marisol, quant à elle, me semblait étrangement calme. Cette fillette intelligente avait une maturité étonnante, comme beaucoup d'enfants élevés par une mère célibataire. Oubliant totalement qu'elle n'avait que six ans, je me surprenais parfois en train de discuter avec elle des mérites respectifs de la pizza livrée à domicile et de la pizza maison, ou du temps passé devant la télévision par Brenda.

— Qu'est-ce qui ne va pas, vous deux? demandai-je. Marisol, réponds-moi!

Sara piqua un fard et lança à Marisol un regard menaçant, qui me déplut fortement. Celle-ci baissa la tête sans un mot et Sara répondit à sa place.

— Tout va bien. Tu veux que j'aide Brenda à ranger ses vêtements ?

— Je voudrais savoir pourquoi tu as l'air d'un chat qui a avalé un canari.

Les deux fillettes paraissaient embarrassées.

— Sara, déclarai-je alors, tu vas t'asseoir à cette table et faire des coloriages pendant un moment. Vous aussi, Karen, Yolanda et Brenda. Marisol, je voudrais te parler tranquillement.

Je l'emmenai dans une petite pièce confortable, aux lumières tamisées, et isolée du reste de la maison. La pièce idéale pour discuter de problèmes difficiles à aborder sous un éclairage plus cru et des regards indiscrets.

— Marisol, il y a deux sortes de secrets, chuchotai-je le cœur serré. Il y a les bons secrets, comme quand tu sais quel cadeau quelqu'un va avoir pour son anniversaire. Il y a aussi de mauvais secrets... Quand Leon t'a demandé de ne pas dire à ta grand-mère pourquoi tu avais des bleus sur tes jambes, c'était un mauvais secret. Tu avais besoin de parler pour te mettre à l'abri. En ce moment, tu as l'air de quelqu'un qui cache quelque chose... Est-ce que je me trompe?

Marisol me fit comprendre, d'un infime signe de tête, que je ne me trompais pas.

— Veux-tu me dire ton secret? ajoutai-je.

Elle portait une petite croix, qu'elle se mit à tripoter; la croix de Sara. De plus en plus intriguée, j'attendis en silence. J'entendais le tic-tac de la pendule et un doux murmure de voix dans la cuisine. Je ne voulais surtout pas brusquer Marisol et, pour une fois, j'avais l'impression d'avoir tout mon temps.

— Sara voulait que je la touche, murmura-t-elle enfin. Tu sais, dans ses parties intimes... Je ne voulais vraiment pas! Elle m'a dit que si je t'en parlais, elle dirait que c'est moi qui ai cassé la théière.

— Quand est-ce arrivé, ma chérie?

— Ça arrive souvent. Chaque fois qu'on joue au premier étage, elle enlève sa culotte et elle veut que je lui mette des jouets et des trucs... dedans.

— L'as-tu fait?

Marisol hocha la tête d'un air misérable.

— C'est pour que tu te taises qu'elle t'a donné sa croix?

À nouveau, Marisol hocha très discrètement la tête.

Nous restâmes assises ensemble pendant une dizaine de minutes. J'en profitai pour lui expliquer que notre corps nous appartient et que certaines personnes essaient, malgré tout, de nous imposer des choses qui nous déplaisent. Je lui expliquai aussi comment elle pouvait refuser et pourquoi on ne peut pas toujours faire la différence entre les bons et les mauvais sentiments. Je ne sais pas ce qu'elle a pu tirer de mes explications. Elle n'était qu'une petite fille vulnérable et à la merci du premier venu.

J'avais été, en d'autres temps, une mère comme toutes les autres, ayant avec ses enfants des conversations banales sur des sujets banals. Même dans des circonstances exceptionnelles, je ne m'inquiétais guère, car les côtés sombres et vulgaires de la vie ne concernaient pas ma nichée. Nous vivions à l'abri du mal, dans la normalité et l'abondance. Tout me semblait maintenant complexe... En nous engageant dans le système d'accueil, nous avions ouvert une porte par laquelle un serpent s'était introduit chez nous.

J'envoyai Marisol rejoindre les autres enfants et me réchauffai un café au micro-ondes. Le front barré d'un pli, Sara me jetait des regards furtifs. Je devais lui parler, mais ce n'était pas le moment, car ma peur l'emportait sur ma colère à mesure que je prenais conscience de la réalité.

Marisol avait été molestée chez moi, sous ma garde. Connaissant les tendances de Sara, j'étais responsable en dernière analyse. Pour moins que cela, des familles d'accueil avaient été rayées de la liste. Je devais appeler l'assistante sociale de Marisol, celle de Sara, ainsi que Sandra, la psychothérapeute de Sara. Il ne fallait surtout pas que l'avocat de Bonnie entende parler de cette affaire. J'avais failli perdre Karen à cause de Danny; je courais le même risque avec Sara.

Je me souciais moins des dangers que ma famille et moi courions que des problèmes réels que cela pourrait soulever. Effectivement, je n'avais aucun moyen de savoir à quel moment les enfants auxquels j'offrais un refuge passeraient de l'état de victime à celui de bourreau. Intelligents et responsables, mes aînés pouvaient se protéger, en tout cas physiquement. Mais comment aurais-je pu garantir la sécurité des petits sans transformer ma maison en forteresse et moi-même en garde-chiourme?

Le retour d'Angie, Neddy et Ben m'arracha à mes cogitations. Ils revenaient de leur entraînement de foot avec des projets de tournois et des programmes auxquels j'eus du mal à m'intéresser.

— Mes enfants, dis-je avec un enthousiasme factice, j'ai une idée géniale pour le dîner, mais c'est vous qui vous en chargez et qui allez tout ranger ensuite.

Trois paires de sourcils se haussèrent simultanément.

— Que diriez-vous de banana-splits?

Ce fut un brouhaha général.

— Ma parole, qu'est-ce qui te prend?

— Tu parles d'une glace aux épinards biologiques?

— Allons vite chercher les saladiers, sinon elle risque de changer d'avis!

Bien que huit enfants et deux litres de crème glacée ne permettent pas une tranquillité absolue, j'eus un moment de répit suffisant pour passer mes coups de fil.

Susan, mon assistante sociale, que j'avais jointe en priorité, m'écouta attentivement et ne m'interrompit que pour me faire préciser certains points.

— Bonne réaction! me dit-elle. Vous vous êtes occupée de Marisol avant de nous appeler. Vous aviez pris des précautions, mais Sara est particulièrement douée pour passer entre les mailles du filet. Je vais contacter les assistantes sociales des deux fillettes, pendant que vous demanderez conseil à la psychothérapeute de Sara. Cette petite est très atteinte... Il faudrait peut-être lui trouver une structure plus solide qu'une famille d'accueil.

Susan chercha aussitôt à me rassurer.

— Ce n'est qu'une hypothèse! reprit-elle. Je réfléchissais à haute voix. Parlez à la psychothérapeute et je vous rappelle demain matin. Nous verrons ce que nous pouvons faire pour que tout le monde soit en sécurité. Avant de raccrocher, dites-moi comment vous vous sentez. J'espère que vous n'avez pas l'intention de démissionner...

J'y pensais justement, mais ce n'était pas le moment d'aborder ce problème.

— Si je démissionne, vous serez la première avertie, murmurai-je. À demain!

J'avais laissé un message urgent à Sandra, qui me rappela moins d'une heure après. Comme je l'avais à la fois craint et espéré, elle voulait faire admettre Sara dans un hôpital psychiatrique dès qu'une place se libérerait. Ayant déjà eu plusieurs enfants en crise par le passé, je savais qu'obtenir un lit d'hôpital pour une gamine de six ans potentiellement dangereuse n'a rien à voir avec trouver un lit pour une appendicite. Les hôpitaux capables de traiter des enfants comme Sara ont des listes d'attente variant de quelques jours à plusieurs semaines. À moins d'une véritable tentative de suicide, le cas d'un enfant passe rarement pour une urgence.

Par bonheur, je me trompais. Je ne sais comment manœuvra Sandra, mais elle m'appela le lendemain matin à neuf heures pour m'annoncer qu'une place se libérait l'après-midi même au Bay State Medical Center. Faute de savoir qu'en faire, j'avais envoyé Sara en classe. Je me félicitai qu'elle ne soit pas à la maison, car j'avais fondu en larmes. À un moment ou à un autre, je pleurerais en pensant à ce qu'avait subi Marisol, mais à cet instant, je ne pleurais que sur Sara. Je fis sa valise en suivant les conseils de Sandra : deux pyjamas, une robe de chambre, des pantoufles, trois slips, trois chemises, trois paires de chaussettes. Elle avait droit à un ours en peluche et à quelques photos, rien de plus. Ni peigne ni brosse à dents, car les enfants pouvaient se blesser avec ces objets. L'hôpital les lui fournirait et contrôlerait leur usage.

Bruce m'appela plusieurs fois pour

prendre de mes nouvelles. Il ne pouvait pas quitter son bureau, mais il passerait à l'hôpital avant de rentrer à la maison. Je lui dis de ne pas se donner cette peine. Les visites étaient autorisées de sept à huit; s'il arrivait à cinq heures, il n'aurait pas le droit de voir Sara.

Je prévins l'école que je viendrais chercher Sara en avance et qu'elle serait absente quelque temps. Les mots me manquaient encore pour dire aux enseignants où elle allait. Vu son comportement, ils avaient probablement deviné, mais ils eurent la délicatesse de ne poser aucune question.

Une amie de mon groupe de soutien m'avait proposé de venir garder les enfants à la maison. J'allai donc chercher Sara à l'école. Avant de l'installer dans la voiture, je la serrai un moment dans mes bas, pris une profonde inspiration, puis lui expliquai où nous allions et pourquoi. La crise de nerfs que je craignais ne survint pas. Le visage indéchiffrable, Sara ne broncha pas. Quand je desserrai mon étreinte, elle se dirigea vers la fourgonnette et attendit que j'ouvre la portière. Contrairement à ses habitudes, elle s'assit sans histoires sur son siège et boucla elle-même sa ceinture de sécurité.

Nous roulâmes dans un silence absolu jusqu'à l'hôpital. Elle n'avait aucune question à me poser et refusait de répondre aux miennes. C'est en arrivant sur le parking, après que j'eus coupé le contact, qu'elle fondit en larmes comme la toute petite fille qu'elle était.

14

Le département de pédopsychiatrie du Bay State Medical Center était situé dans une vieille bâtisse délabrée, à quelques blocs du campus. Comme il devait être fermé progressivement au cours des années suivantes, les frais d'entretien avaient été réduits au minimum. Alors que l'aile de médecine pédiatrique était gaie et avenante, avec des murs joliment peints et une multitude de beaux jouets, le département de pédopsychiatrie se contentait d'une peinture d'un beige et d'un vert nauséeux, courants dans les anciens bâtiments officiels. Des affiches, placardées un peu partout, rappelaient aux enfants les règles à observer en milieu hospitalier; quelques-unes étaient fortement écornées.

Sara resta pendue à mes basques tandis que je suivais la direction indiquée. Nous sonnâmes. Au bout d'un moment, une employée au visage rébarbatif nous observa à travers un judas. C'est en entendant le cliquetis des verrous que je pris vraiment conscience de la réalité : Sara, la petite Sara, âgée de six ans, qui aimait les poupées, *L'Île aux enfants*, les glaces à la fraise et les Beatles, se trouvait dans un service psychiatrique fermé.

Un bruit me fit tourner la tête. Se doutant de l'épreuve qui nous attendait, Sara et moi, Bruce était venu nous rejoindre. Sara lui jeta à peine un regard, mais sa présence me procura un immense réconfort. Patricia, la nouvelle assistante sociale de Sara, nous attendait à l'accueil. Elle ne l'avait rencontrée qu'une ou deux fois, son cas lui ayant été confié quelques mois plus tôt, mais elle devait assister aux formalités d'admission.

On nous introduisit dans un petit bureau où nous nous assîmes, Bruce et moi. Debout près de la porte, Sara refusa de bouger. Sa robe neuve lui allait bien et je l'avais coiffée avec soin. J'étais contente qu'elle soit si mignonne, car le destin est généralement moins cruel pour les enfants bien tenus. Une jeune femme en vêtements de ville surgit derrière elle.

— Tes parents ont des papiers à remplir, déclara-t-elle. Je t'emmène dans ta chambre et je vais t'aider à ranger tes affaires.

Sara la suivit sans protester.

Cynthia, la responsable des admissions, avait pris tous les renseignements concernant la police d'assurance et le passé de Sara ; elle souhaitait maintenant nous interroger, Bruce et moi, sur les récents événements survenus chez nous. Malgré mes efforts pour m'en tenir aux faits, je suis incapable de prendre un air détaché quand je parle de mes enfants. Ma voix se brisa, et Cynthia me tendit une boîte de mouchoirs en papier avec un sourire compatissant.

— Que peut-on faire pour Sara ? murmurai-je.

— À vrai dire, pas grand-chose, me répondit-elle. Un antidépresseur lui serait peut-être bénéfique, mais j'hésite à en administrer à de si jeunes enfants. Nous allons essayer de la stabiliser et voir comment ça se passe quand elle rentrera chez vous.

— Combien de temps allez-vous la garder?

— À sept cents dollars la journée, la compagnie d'assurances n'approuvera que trois jours à la fois. Au bout de deux semaines, elle se mettra vraiment à hurler! Nous allons essayer de faire le nécessaire d'ici là.

Nous trouvâmes Sara assise sur son lit, au milieu de piles de vêtements. La femme qui l'avait emmenée vidait sa valise. Elle s'appelait Michelle, nous annonça-t-elle, et elle serait « l'ombre » de Sara durant son séjour. Au passage, elle nous félicita d'avoir si bien fait ses bagages, en évitant tous les objets avec lesquels elle risquait de se blesser.

Au bout de quelques minutes, nous nous levâmes, mais nous eûmes du mal à partir. Les yeux brillants et la voix rauque, Bruce dit au revoir à Sara.

Contrairement à son habitude, il la serra dans ses bras, et elle s'agrippa si fort à lui qu'il eut du mal à dégager son cou.

— Ma chérie, nous devons te quitter, lui dit-il, mais nous t'appellerons demain, et Kathy viendra te voir dans deux jours.

Il prit le visage de Sara entre ses mains et l'embrassa sur le front.

J'entourai de mes deux bras le corps si fluet de Sara et je la serrai contre moi jusqu'au moment où je pus refouler mes larmes.

— Tu vas me manquer, Sara, chuchotai-je. Qui m'aidera à retrouver mes lunettes et mes clefs de voiture?

— Kathy, je ne veux pas rester ici! Je ferai encore plus d'efforts... C'est promis...

La voix affolée de Sara laissait présager un début de crise de nerfs.

— Tes efforts ne suffiront pas, Sara. Tout le monde doit être en sécurité, y compris toi.

— Tu me détestes. Tu es contente de te débarrasser de moi pour rester tranquille avec tes enfants!

Michelle intervint.

— Bruce et Kathy s'en vont, Sara. Tu les reverras bientôt.

Elle nous jeta un regard insistant, puis tourna les yeux vers la porte. Le message était clair : nous partîmes malgré les cris déchirants de Sara.

Vu notre emploi du temps surchargé, les visites régulières à Sara nous posaient un problème dont nous aurions préféré nous passer. D'autant plus que Lorraine Williams, la spécialiste qui suivait Karen sur le plan affectif, avait demandé à nous voir ensemble, Bruce, Karen et moi, pour la première fois. Je briquai la maison comme une folle. Rien n'était sale, mais j'avais l'impression de crouler sous une montagne de sacs de gym et de livres. La lessive n'était jamais terminée et l'évier ne désemplissait pas.

Je voulais donner à Lorraine l'image d'une famille idéale. Nous étions tout sauf cela, mais j'espérais dissimuler nos plus grosses imperfections.

Quand elle arriva, le mardi suivant, les

chaussettes étaient triées (j'avais payé la baby-sitter cinq dollars de plus pour le faire), la vaisselle terminée, et les sacs de gym rangés dans la buanderie. Angie et Neddie s'occupaient des autres enfants. Karen était adorable avec sa robe neuve et des rubans assortis dans les cheveux. Hormis le fait que j'avais une fillette en service psychiatrique et une autre quasi muette, nous avions l'air d'une quelconque famille nombreuse, profitant du pâle soleil hivernal.

La visite de Lorraine me permit d'imaginer ce qu'éprouvent les parents contrôlés par les services sociaux. Mon anxiété devenait presque insoutenable maintenant que ma propre famille et mon comportement maternel allaient être soumis à cette épreuve, mais je ne voulais rien laisser paraître de mon trouble. Lorraine devait me juger parfaite, et parfaite je serais.

J'aurais sans doute gagné mon pari si seulement Angie et Neddy ne s'étaient pas disputées sur le partage des responsabilités, si Ben n'avait pas lancé une boule de neige dans la vitre des voisins, si le téléphone n'avait pas sonné une demi-douzaine de fois, et si Marisol ne s'était pas mordu la lèvre. Karen demanda un jus de fruits, et Brenda se mit à bouder. Je n'avais plus qu'à déclarer forfait. Que je le veuille ou non, Lorraine serait témoin de ma vraie vie.

Ensuite, tout me sembla plus simple. Angie et Neddy firent jouer les filles dehors, Ben emmena Karen à l'épicerie, et Bruce et moi pûmes parler à Lorraine. Nous lui expliquâmes à quel point notre vie avait changé depuis que nous étions une famille d'accueil et adoptive. Certains changements étaient salutaires, d'autres non. Nous discutâmes du travail, du stress, et de ce que j'éprouvais en tant que mère au foyer, m'occupant de très jeunes enfants, alors que j'avais plus de quarante ans. Nous causions encore quand Karen revint, les mains poisseuses et un sourire chocolaté aux lèvres.

— Regarde, m'man! Ben m'a acheté un moulin à vent, et il y en a un aussi pour Marisol, pour Brenda et pour Yolanda.

Je soufflai sur les ailes du moulin, qui se mirent à tourner à toute vitesse, le rouge et le jaune se fondant en un cercle orange. « Comme chez nous! pensai-je. Les événements se succèdent d'une manière parfois incontrôlable, mais ça ne tourne pas si mal malgré tout. »

Meg appela peu après le départ de Lorraine pour savoir comment s'était passée cette première visite et me parler des suivantes. Comme je m'y attendais, elle évoqua la couronne de plastique. Elle ne se montra pas trop sévère, mais ne me cacha pas sa déconvenue. Il ne s'agissait pas d'une compétition entre pauvres et nantis, et je devais éviter de recommencer. Je lui promis d'une voix sinistre de faire de mon mieux.

Le jeudi suivant, j'eus l'occasion de tenir parole. Meg allait au tribunal dans la matinée, elle me demanda donc de conduire moi-même Karen au rendez-vous prévu avec Bonnie et d'attendre son arrivée. Je ne saurais dire si elle avait tout manigancé pour que nous passions, Bonnie, Karen et moi, une heure ensemble sans témoin, mais c'est ce qui se produisit.

Pendant les dix mois où elle avait disparu de la vie de Karen, Bonnie avait mis au monde un second bébé. Elle avait donc amené pour cette visite la petite Carley, âgée de deux mois. Un mignon bébé, qui commençait tout juste à sourire et à roucouler. Bonnie avait eu la bonne idée de la présenter à Karen non comme sa sœur, mais simplement comme Carley. D'abord fascinée, Karen fut attirée par le parc à jeux au bout de quelques secondes; je proposai de m'occuper de Carley pendant que Bonnie irait la pousser sur les balançoires.

Une heure après, Meg n'avait toujours pas donné signe de vie. Nous allâmes nous asseoir à l'ombre et installâmes Karen avec son jus de fruits et ses biscuits, tandis que Bonnie allaitait Carley.

Karen, qui venait d'apprendre à reconnaître les couleurs, étalait devant nous son savoir tout neuf.

— Comment avez-vous fait? me

demanda Bonnie, profondément perplexe.

— Fait quoi?

— Comment lui avez-vous appris les
couleurs, par exemple? Comment savez-
vous tout cela? Je suis obligée de deviner... Je ne sais même pas comment
j'apprendrai à Carley à nouer ses lacets ou
à écrire son nom.

— Quand je suis rentrée chez moi,
après la naissance de mon premier
enfant, je n'avais aucune notion de ce
qu'il fallait faire et je mourais de peur. Ma
mère et ma sœur m'ont beaucoup aidée;
les frères et sœurs de Bruce aussi. Personne n'est capable d'élever un enfant
sans demander conseil. C'est beaucoup
trop difficile...

Bonnie détacha Carley de son sein et la
plaça sur son épaule pour le rot.

— Vous pouvez vous fier à votre instinct, Bonnie, ajoutai-je. Je suis sûre que
vous vous débrouillerez très bien avec
Carley.

— Mais pas avec Karen?

— Je n'ai pas dit cela!

Où était donc passée Meg? Nous rassemblâmes nos affaires, car je devais partir.

— Vous me haïssez, murmura Bonnie en me regardant dans les yeux.

— Comment pourrais-je haïr la mère de Karen...? Et moi, vous me haïssez?

— Bien sûr que non! Vous êtes sa mère, vous aussi.

Je devais absolument trouver moyen de rendre visite à Sara. Un temps beaucoup trop long s'était écoulé depuis le début de son hospitalisation, et je me sentais comme ces parents indifférents — j'en ai connu un certain nombre — qui s'empressent d'oublier les enfants dès qu'ils ont passé la main. Ce n'était pas mon cas. Je pensais sans cesse à Sara, mais je ne disposais jamais des quatre heures d'affilée nécessaires pour aller à Bay State et revenir.

Une petite voix me poursuivait: « Tu y serais déjà allée si c'était Karen... Ou si c'était Angie, Neddy, ou l'un de tes fils... Tu n'aurais jamais laissé Ben tout seul. »

Cette petite voix sonnait juste. J'appelais Sara chaque jour, mais nous savions parfaitement, elle et moi, que ce n'était pas comparable à une visite.

Je finis par aller la voir le lundi suivant. Je retrouvai les mêmes verrous et le même cérémonial qu'à son arrivée; mon expérience ne me facilita guère la tâche.

Sur la porte de Sara, une pancarte écrite à la main indiquait : « Personnel féminin uniquement ». Mauvais signe! Sara m'attendait dans la salle de visite. Privé des couleurs vives des autres services pédiatriques, le service psychiatrique était aussi affligé de meubles vétustes, réparés avec du ruban adhésif, et de fenêtres sans rideaux. La salle de visite, de loin la plus sinistre en ce lieu peu accueillant, suintait le mépris à l'égard de ses usagers : « Nous n'avons rien de mieux à vous offrir, car vous n'en valez pas la peine! » semblait-elle proclamer.

La maladie organique s'attaque à d'innocentes victimes, alors que la maladie mentale est considérée comme un vice de caractère. Les responsables s'imaginaient-ils qu'en rendant ce lieu particulièrement déplaisant, ils inciteraient les enfants à se rétablir plus vite pour rentrer chez eux ? En ce qui me concerne, j'éprouvai une telle sensation d'horreur en poussant la porte que je crus étouffer. J'avais envie d'ouvrir les fenêtres et d'écouter un air de Mozart. De peindre les murs d'un bleu lumineux ou d'engager quelqu'un pour faire des claquettes dans le couloir. Je voulais sortir à tout prix.

Vautrée sur un canapé de la salle de visite, Sara arborait un air maussade et portait un tee-shirt qui ne lui appartenait pas.

— Bonjour, mon chou, lançai-je avec un entrain qui sonnait faux dans cette ambiance lugubre.

— Pourquoi tu n'es pas venue me voir ? Tu m'avais promis... Tu m'as menti.

Malgré l'agressivité de ses paroles, Sara me semblait plus triste que furieuse.

— Ça fait cinq jours, mais je suppose

que tu as trouvé le temps long... As-tu des camarades avec qui tu peux jouer?

— Il n'y a que des garçons; ils sont méchants. Je peux même pas jouer et les adultes aussi sont méchants. Ils m'enlèvent des points alors que je fais rien de mal; du coup tout le monde a fait du patin à roulettes, sauf moi.

J'esquissai un sourire : Sara s'apitoyait sur elle-même comme beaucoup de gamines de six ans.

Cynthia, la responsable des admissions, passa la tête par l'embrasure de la porte.

— J'aimerais vous dire un mot quand vous aurez terminé.

J'évitai d'aborder la question des points avec Sara : pour l'instant, elle était surtout en manque de mère. Je lui racontai ce qui se passait à la maison et à l'école. Comme nous causions, elle s'approcha de moi petit à petit, pour se blottir sur mes genoux. Elle continua à me parler tandis que je la berçais dans mes bras, et nous nous gardâmes de toute allusion aux problèmes qui auraient pu nuire à l'harmonie du moment.

L'instant de quitter Sara arriva beaucoup trop vite à mon gré. Contrairement à mes prévisions, elle ne fit pas de scène. Elle se replia sur elle-même quand je l'embrassai, et elle ne pleura pas. Cette maîtrise d'adulte m'inquiéta beaucoup plus qu'une quelconque crise de larmes enfantine.

Les trois semaines suivantes me parurent alternativement s'étirer en longueur et filer comme l'éclair. Lorraine avait organisé un programme épuisant de rencontres avec Bonnie et Scott, le père de Carley, et avec Bruce et moi, en présence de Karen ou non.

Elle nous posait des questions judicieuses concernant certains problèmes auxquels je n'avais pas beaucoup réfléchi. Par exemple, qu'allais-je lui dire au sujet de sa famille de naissance et des circonstances de son placement en famille d'accueil? Comment allait-on lui apprendre l'existence de frères et sœurs qu'elle ignorait? Angie et Neddy étaient plus âgées que Karen à leur arrivée chez nous, et chacune d'elles connaissait bien son histoire tumultueuse. L'existence de frères et sœurs qu'elles n'avaient jamais rencontrés ne semblait pas les troubler outre mesure, mais elles souffraient du manque de relations suivies avec leur mère biologique. Nous avions proposé un système libéral d'adoption ouverte, avec la possibilité de nombreuses visites ; cette femme n'en avait jamais profité. Je voulais éviter à Karen l'attente angoissante de visites improbables. À moins d'être sérieux et réguliers, les contacts avec sa mère biologique seraient supprimés.

Je n'ai pas la moindre idée de ce qui se passa pendant l'entrevue de Lorraine avec Bonnie et Scott. Malgré mes questions, elle ne laissa rien filtrer à ce sujet.

Les tâches banales — cuisine, ménage, bains des enfants — représentent quatre-vingt-quinze pour cent de mes journées. Ce sont l'arrivée et le départ des enfants qui rompent le quotidien, comme autant de décharges d'adrénaline. Une brève semaine de janvier me donna l'impression d'utiliser ma dose annuelle d'adrénaline. Sara quittait l'hôpital et son entretien de sortie avait lieu le vendredi. Nous avions, le mercredi, notre dernier rendez-vous avec Lorraine. Bruce devait se libérer de ses obligations professionnelles pour ces deux entretiens, et je devais faire garder mes enfants.

J'avais pris l'habitude de compter de plus en plus sur Neddy quand je m'absentais de la maison. Elle était nettement plus responsable que les autres baby-sitters à ma disposition et beaucoup plus au courant des besoins de chacun. Je me suis souvent reproché d'avoir fait si fréquemment appel à la bonne volonté de mes enfants — de Neddy surtout. En grandissant, ils sont devenus cinq adultes capables de changer une couche, de préparer un biberon, de faire une lessive et de confectionner un repas. J'espère qu'ils ont reçu autant qu'ils ont donné.

Peu de temps après l'arrivée de Sara chez nous, sa psychothérapeute avait demandé, pour elle, une batterie complète de tests psychologiques et péda-gogiques. Les résultats n'avaient surpris personne. Sara était douée d'une vive intelligence et d'une grande capacité d'expression verbale, mais son ego était extrêmement fragile. Le monde lui semblait dangereux et imprévisible, les adultes peu crédibles et méchants. Elle bouillait d'une rage et d'une hostilité inquiétantes, mêlées à une forte tendance dépressive. Enfin, elle nourrissait de nombreuses pensées suicidaires et décompensait facilement dès qu'elle se sentait menacée ou dépassée par les événements.

D'après ce diagnostic, Sara souffrait, entre autres, d'une « inadaptation chronique à la vie familiale ». Quel psychiatre avait bien pu avoir un pareil trait de génie ? Étant donné les antécédents familiaux de Sara, cette « inadaptation chronique » me semblait la prudence même. Je m'étais méfiée de ces conclusions hâtives et j'avais trouvé présomptueux de porter un jugement définitif sur Sara.

À ma grande surprise, l'équipe des psychologues m'avait donné raison et m'avait conseillé de recommencer les tests après une année de placement stable. Je doute qu'ils aient considéré notre famille comme un « placement stable », mais, faute de mieux, nous ferions l'affaire. Le séjour de Sara à Bay State m'avait fourni une excellente occasion de tenter une nouvelle expérience. On nous donnerait les résultats en même temps que l'autorisation de sortie, au cours de l'entretien prévu ce vendredi-là.

Nous étions arrivés en avance, Bruce et moi, et l'on nous fit attendre l'équipe responsable de Sara dans une élégante salle de réunion. J'aurais souhaité que les psychologues aient une révélation spectaculaire ou m'indiquent la potion magique qui aurait pu soulager cette pauvre petite, mais il n'en fut rien. J'eus l'impression de revivre intégralement la même scène sinistre que la première fois. Aucun changement majeur n'avait été constaté : Sara était toujours aussi agressive, dépressive et suicidaire. Le seul progrès concernait son point de vue sur les adultes. Elle disait éprouver de l'affection pour Sandra, Bruce et moi. Mais ce jugement ne s'étendait pas au reste du monde. Les autres enfants n'étaient là que pour voler le temps et l'attention qui auraient dû lui être consacrés exclusivement.

Sara présentait, selon l'équipe, un danger pour elle-même et autrui. Elle était autorisée à rentrer chez nous avec un traitement approprié et à condition de poursuivre sa thérapie avec Sandra, mais personne ne semblait se faire beaucoup d'illusions quant à son avenir. L'équipe nous suggérait de nous mettre tout de suite en quête d'une institution psychiatrique où elle trouverait sa place.

Bruce devant retourner travailler, nous n'eûmes pas la possibilité de discuter entre nous après cette entrevue. Au volant de ma voiture, j'entendais les paroles de l'équipe résonner dans le silence. J'aimais tant de choses en Sara, mais n'avais-je pas tendance à aimer l'image de ce qu'elle pourrait devenir plutôt que ce qu'elle était réellement? Qu'étais-je prête à risquer — ou plutôt qui? — pour sauver cette fillette en perdition? Telle était la question.

Le lundi suivant, notre décision était prise. En réalité, c'est Bruce qui l'avait prise, et j'avais acquiescé, car je ne voyais aucune autre solution pour ne pas donner une fillette de six ans en pâture aux loups. Nous allions ramener Sara chez nous en vue d'une nouvelle tentative : médicaments, psychothérapie, ainsi qu'une attention de tous les instants de notre part.

Sara nous attendait dans sa chambre quand nous allâmes la chercher à l'hôpital. Elle repartait avec moins de vêtements que je pensais lui en avoir envoyé, et un bric-à-brac incroyable de tout ce qu'un enfant peut produire comme poteries et colliers de perles au cours de séances d'art-thérapie.

Il n'y eut point d'adieux déchirants : Sara ne s'était pas fait d'amis, et je suppose que le personnel soignant avait une telle habitude des allées et venues que chaque départ passait presque inaperçu. J'entendis quelques brefs : « Tu pars aujourd'hui ? Alors, à bientôt... », sans fanfare. La plupart de ces enfants venaient régulièrement et tout le monde s'attendait à revoir Sara un jour ou l'autre.

À la maison, on lui fit fête. Neddy avait confectionné un gâteau. Un calicot préparé par Angie lui souhaitait la bienvenue. Nous mangeâmes des pizzas et chantâmes, car nous étions réellement heureux de son retour. Elle allait nous compliquer la vie d'une manière indescriptible et multiplier par dix le chaos qui régnait déjà sous notre toit, mais elle était des nôtres et nous l'aimions tendrement.

15

Sara nous compliqua effectivement la vie. Elle ne supportait pas que je m'éloigne un instant et elle prenait un antidépresseur qui lui donnait d'effroyables cauchemars.

Réveillée plusieurs fois par nuit, je commençais à souffrir du manque de sommeil. Quand vint le mercredi, jour de la visite de Lorraine, j'étais nerveuse et fatiguée. Anxieux lui aussi, Bruce arrivait à cacher son jeu mieux que moi. Ce matin-là, une petite querelle vénéneuse s'éleva entre nous, comme cela arrive parfois dans les couples les plus unis. Faute de temps, je n'avais pas prévu de confier les enfants à des amis ou des voisins. Il m'en fit reproche, et réciproquement. À l'arrivée de Lorraine, dix minutes plus tard, nous étions prêts à vendre la maison et à émigrer en Australie — séparément.

Les préparatifs du thé et l'accueil de notre visiteuse nous calmèrent. Quand Lorraine sortit de sa serviette un rapport extraordinairement long, nous nous sentions déjà beaucoup mieux et prêts à faire face. Je lis très vite, alors que Bruce est lent et méthodique; l'attente au bas de chaque page me parut un véritable supplice.

Nous nous regardâmes dans les yeux, notre querelle du matin depuis longtemps oubliée. Quel soulagement! Nous en avions fini avec nos soucis et nos nuits d'angoisse à l'idée de perdre Karen d'un moment à l'autre. Et tout cela sans fanfare ni trompette, sans comparution devant les tribunaux, mais avec un simple rapport écrit et une tasse de thé. Un instant, je faillis craquer, mais la sonnerie du téléphone me sauva, littéralement. Meg m'appelait, puis ce fut le tour de ma mère, de ma sœur, et du pasteur. Mon univers avait changé : je pourrais maintenant dire, sans tricher, « notre fille »,

« votre sœur », « votre nièce », « votre petite fille ». Bonnie renonçait à l'exercice de l'autorité parentale. Il n'y aurait pas d'action en justice.

Nous avions bien conscience que notre victoire était la défaite de Bonnie et que son chagrin faisait pendant à notre joie. J'avais craint cette femme, je m'étais sentie jalouse, et il m'était même arrivé de la haïr. Je souhaitais maintenant l'appeler pour la remercier de son sacrifice en faveur de Karen. Je voulais lui exprimer ma reconnaissance et surtout lui faire une promesse : sa fille saurait à quel point sa mère avait fait preuve de courage et d'amour pour elle.

Avant même de célébrer l'événement, il nous fallut affronter une nouvelle crise avec Sara. L'enthousiasme suscité par l'adoption prochaine de Karen avait été difficile à supporter pour elle. Malgré l'attention que nous lui avions prodiguée à son retour, ce projet dut mettre en lumière l'incertitude qui pesait sur son propre avenir. Aucune famille ne se battait pour elle et personne ne venait la voir ou la combler de cadeaux. Son assistante sociale était assez sympathique, mais se contentait d'attendre la désignation d'une responsable d'adoption. Sara devait bouillir intérieurement. Sa colère se manifestait toujours à travers les mêmes comportements étranges : elle étalait des excréments sur le siège des toilettes, et nous la surprîmes un jour, sous son bureau, en train de se lacérer le bras avec le bout d'une plume cassée.

Je me demande encore aujourd'hui pourquoi je n'ai pas pris la mesure du danger. Étais-je trop absorbée par les préparatifs de l'adoption de Karen? N'ai-je rien vu venir parce que, tout simplement, je ne voulais rien voir? Quel choix mon aveuglement laissait-il à Sara, sinon de se faire remarquer par une action d'éclat?

Je n'appris ce qui s'était passé que quelques jours après, et j'aurais même pu n'en rien savoir si Meg ne s'était arrêtée chez nous pour la signature de certains papiers concernant l'adoption. Meg était de garde quand Brenda nous avait été confiée par la hot line, elle l'avait donc déposée chez nous. Tandis que je parcourais les papiers, elle discutait avec Brenda, qui se montrait étonnamment bavarde.

— Je parie que tu t'amuses bien chez Kathy, avec toutes tes petites copines, dit Meg. Qu'est-ce que tu préfères? La maison de poupées?

— Oh oui! Et les gâteaux aussi.

— Je m'en doute, dit Meg en riant. Et qu'est-ce que tu n'aimes pas?

Meg faisait allusion à la nourriture, mais Brenda ne l'entendit pas ainsi.

— Je n'aime pas jouer avec Sara. Elle veut toujours mettre sa main dans ma culotte!

Nous avions pris toutes sortes de précautions, en vain. Nous n'étions ni un hôpital, ni une maison de convalescence, mais une famille animée, avec de nombreuses allées et venues. Malgré nos bonnes intentions, nous ne pouvions contrôler en permanence chaque enfant. Brenda avait fait les frais de notre négligence. Elle semblait plus contrariée que blessée, mais je compris tout de suite.

Heureusement, Meg était là. Nous

fîmes aussitôt le nécessaire pour que Sara retourne à l'hôpital, en attendant qu'un lit se libère dans le seul centre de traitement à long terme pour d'aussi jeunes enfants. Cela prendrait des semaines, sinon des mois, pendant lesquels Sara demeurerait dans le service fermé de Bay State — alors que le reste de la famille vaquerait allègrement à ses occupations.

L'injustice absolue de cette affaire me bouleversait plus que jamais quand je comparais la vie de Sara à celle des enfants de son âge. Si je chassais momentanément cette pensée, elle revenait au galop. Il m'arrivait même d'avoir les larmes aux yeux en m'apercevant que j'avais réservé la place de l'absente à notre table familiale.

La perte de Sara — car c'est ainsi que je vécus son hospitalisation — me porta un coup terrible. Je songeai sérieusement à reprendre un emploi quand Karen entrerait en maternelle, l'automne suivant. Accueillir des enfants n'était pas à la portée des faibles, et je n'étais qu'une faible femme, bouleversée par cette fâcheuse expérience. Mon échec avec Sara m'avait éprouvée au-delà de mes forces et j'avais besoin de retrouver un sommeil paisible, que ne viendraient pas troubler les voix d'enfants m'appelant vainement à l'aide.

Nous décidâmes alors de faire une pause dans nos activités d'accueil. La mère de Marisol s'était séparée de son concubin et avait repris sa fille. Brenda n'allait pas tarder à partir, car sa tante demandait instamment à l'élever. La mère de Yolanda suivait un traitement et s'était stabilisée; Yolanda était donc rentrée chez elle. Pour la première fois depuis plusieurs années, nous n'avions pratiquement que nos propres enfants à la maison.

Qu'attendais-je pour me sentir heureuse? J'avais enfin l'occasion tant espérée de changer d'activité. J'aurais dû peaufiner mon CV et appeler mon ancien employeur. Pourquoi stockais-je les robes devenues trop petites pour Karen, au lieu de m'en débarrasser? Quelque chose ne tournait pas rond... Je rendais fréquemment visite à Sara, quoique moins souvent que je ne l'aurais souhaité. Quand un printemps glacial succéda à l'hiver, mes visites bimensuelles devinrent difficiles à organiser. Je persévérai malgré tout. Légalement, je n'étais plus rien pour Sara, mais elle n'avait personne à part moi.

La déchéance des droits parentaux, concernant Sara, devait être prononcée en avril. Sa mère était introuvable, ce qui n'empêchait pas l'affaire de suivre son cours. J'avais reçu mon assignation à comparaître immédiatement après Pâques. Cette perspective m'inquiétait, bien que l'avocat des services sociaux eût passé plusieurs heures à m'y préparer.

Une tempête étant annoncée le jour du jugement, j'avoue que je priai pour qu'une quelconque catastrophe empêche le tribunal de siéger. Hélas! je n'eus pas cette chance. Après avoir roulé sous une pluie battante, je me garai difficilement à cause de la neige.

L'attente de ma comparution me rappela d'anciens souvenirs. Je connaissais plusieurs des avocats et tous les travailleurs sociaux venus pour une affaire ou une autre. L'une des prévenues ne m'était pas inconnue non plus : j'avais jadis accueilli l'un de ses enfants chez moi.

Au fil des heures, je me calmai un peu, mais lorsqu'on m'appela, les gargouillis de mon estomac me firent regretter ma dernière tasse de café. Je me dirigeai vers le box des témoins et prêtai serment avant de m'asseoir.

Pour la première fois, j'avais sous les yeux l'homme qui avait violenté Sara. Un individu quelconque, portant un jean et une chemise usée, aux mains d'une propreté douteuse. Il ne semblait pas à sa place au milieu de ces hommes de loi élégamment vêtus. Après un instant d'apitoiement, je me ressaisis en me souvenant du mal qu'il avait fait à Sara. Le dos raide, j'écoutai les questions de l'avocat général auxquelles je répondis honnêtement. Sans le moindre tremblement dans la voix, je répétai ce que m'avait dit Sara au sujet de son père et décrivis son comportement chez moi. Le contre-interrogatoire comportait des questions brèves et respectueuses ; je repartis moins de deux heures après.

En regagnant ma voiture, j'avais le cœur plus léger que les mois précédents, car je ne me sentais plus coupable. Je ne serais jamais une mère pour Sara, mais j'avais raconté son histoire aux gens qui avaient besoin de l'entendre. J'avais regardé son père en face et dit : « Vous avez fait cela et vous voyez l'état dans lequel se trouve maintenant votre fille. Vous êtes responsable. Elle ne reviendra jamais chez vous ; vous ne pourrez plus jamais la faire souffrir. » Finalement, j'avais fait de mon mieux.

Ce jour-là marqua un tournant dans ma vie. Je ne devins pas réellement plus dure, mais plus pragmatique. Les mois suivants, non seulement je renonçai à interrompre mes activités d'accueil, mais j'acceptai des enfants qui m'auraient effrayée avant cette expérience. Je reçus chez moi deux adolescents fugueurs et deux enfants venant du service où se trouvait Sara à Bay State.

Un après-midi, on m'amena une gamine fugueuse que la police venait d'arrêter ; elle devait voir le juge le lendemain matin. En principe, on aurait dû l'envoyer dans un centre de détention préventive plutôt que dans une famille, mais l'assistante sociale craignait que cette expérience soit trop pénible pour Naomi. Après tout, elle n'avait que onze ans.

Naomi arriva chez moi d'un air fanfaron et grommela qu'elle ne voulait pas rester.

— Je n'ai pas l'intention de te garder de force, mon petit, répondis-je. Tu as le choix ! Si tu décides de partir, je n'essaierai pas une seule seconde de te retenir. Avec un peu de chance, la police te rattrapera et tu passeras la nuit en détention préventive. Si tu n'as pas cette chance, tu fileras en auto-stop et la police ramassera à la pelle ce qui restera de toi dans quelques semaines. Ici, tu seras bien nourrie et tu auras des draps propres. À toi de choisir !

Naomi préféra rester. Elle ne devint pas un ange, mais elle se tint correctement pendant toute la soirée et ne chercha pas à s'enfuir. Bien qu'elle eût volé deux des nouveaux CD d'Angie, elle me remercia avant de partir. On ne sait jamais ce que l'on va perdre ou gagner...

Je réfléchissais à cela, quelque temps après le départ de Sara, tout en terminant les préparatifs du dîner. Je m'interrogeais aussi sur le sort de deux fillettes dont les journaux avaient parlé. Elles étaient dans la voiture de leurs parents quand ceux-ci avaient été arrêtés pour trafic de drogue. D'après l'article que j'avais lu, on les avait confiées à la DSS, qui comptait les placer en famille d'accueil. Chez qui iraient-elles ? Faudrait-il les séparer ? Je me rappelais combien Angie et Neddy avaient souffert de leur séparation.

Quand la sonnerie du téléphone m'arracha à ma rêverie, je répondis distraitement, sans arrêter de tourner la sauce des spaghettis.

Après une brève conversation, je raccrochai avec un entrain devenu inhabituel.

— Angie, criai-je depuis la cage d'escalier, peux-tu t'occuper des spaghettis à ma place ? Je dois descendre des vêtements du grenier. Et toi, Neddy, pourrais-tu préparer deux lits supplémentaires dans la chambre des petites ? Ben, j'ai besoin d'un coup de main dans la cuisine ! Il faudra prévoir un couvert de plus à table. Deux couverts, en fait... Deux petites filles vont bientôt arriver.

Je fonçai au grenier en chantonnant, le visage illuminé d'un sourire.

Une nuée de fillettes mettait à nouveau notre maison en effervescence. Le statut de « famille d'exception » nous avait été accordé, à Bruce et moi, ce qui nous permettait d'accueillir plus que les six enfants de moins de dix-huit ans normalement autorisés par la DSS. Ben, le plus jeune de mes fils, ayant déjà dépassé le seuil magique de dix-huit ans, je pouvais recevoir cinq enfants — dont deux par la hot line — en plus de mes trois filles adoptives. À la DSS, les urgences ne manquaient pas.

Au début de l'été, une curieuse petite équipe jouait dans le bac à sable. Samantha, une adorable enfant de deux ans, avait l'apparence d'un lutin. C'était généralement un bonheur de l'avoir parmi nous, mais, une ou deux fois par semaine, elle faisait une scène à l'improviste, et pas une scène classique de fillette de deux ans. Nous avions droit à un épisode spectaculaire, au cours duquel elle hurlait, mordait et lacérait les rideaux pendant des heures. Si elle se calmait un moment, elle recommençait ensuite de plus belle, et je m'étais empressée d'alerter la psychothérapeute de Sara. Ne recevant pas d'enfants de moins de deux ans, elle m'avait adressée à Jim Simpkin, l'un de ses collègues, spécialiste des problèmes affectifs des tout-petits. Jim avait obtenu jadis de bons résultats avec Tyler, et j'étais contente de travailler à nouveau avec lui.

Sandra s'occupait cependant d'une autre de mes fillettes, la petite Sylvia, âgée de six ans; elle était arrivée chez nous avec un sac plein de tranquillisants, un diagnostic d'anorexie, et plus un seul cheveu. On la soupçonnait d'avoir un faible quotient intellectuel, mais il m'avait suffi d'une journée pour réaliser qu'il n'en était rien. Elle avait du mal à communiquer, certes, cependant je n'avais aucun doute concernant son intelligence. Sinon, comment aurait-elle pu déjouer mes efforts incessants pour la faire manger? Les enfants négligés par leurs parents ont très souvent des problèmes de nutrition, mais ils mangent en général tout ce qu'ils ont sous les yeux, par crainte du manque. Je n'avais jamais vu un enfant se nourrissant exclusivement de compote de pommes et myrtilles, ou n'acceptant de boire que le sirop d'un esquimau fondu.

Fort heureusement, j'avais une profonde affection pour Samantha et Sylvia, deux fillettes aimantes, qui ne mettaient personne en danger à part elles-mêmes. Sinon, je n'aurais pas accepté de les prendre en charge. Elles me donnaient beaucoup de travail, quoique les rideaux déchirés et les désordres nutritionnels m'eussent semblé un jeu d'enfant après mon expérience avec Sara.

L'adorable Sopilla, notre troisième enfant, âgée de quatre ans, était la fille de réfugiés thaïlandais. Elle ne parlait pas couramment l'anglais, sa seconde langue, mais elle s'intégra rapidement au petit groupe. Des semaines, puis des mois s'écoulèrent et nous formâmes tous une grande famille. Les scènes de Samantha s'apaisèrent; Sylvia grossit de trois kilos et ses cheveux se mirent à pousser. Sopilla apprit l'anglais et fit la conquête de la famille qui devait l'adopter définitivement.

Comme tous les autres, ces enfants avaient besoin de se pelotonner contre moi en écoutant des histoires, d'avoir du lait et des biscuits à l'heure du goûter et d'observer les arcs-en-ciel derrière la grange.

Mes nouvelles recrues bénéficiaient de l'expérience que j'avais acquise au fil des ans. Je « gérais » tant bien que mal les crises de Samantha grâce à ce que m'avaient appris celles de Sara. En me souvenant du départ de Lucy chez les Malloy, je pus aider Sopilla à s'attacher à sa nouvelle famille adoptive. Mes efforts de jadis pour intégrer Dan au système scolaire m'aidèrent à trouver une solution adaptée à Sylvia. Quand je parlais aux psychothérapeutes de mes fillettes, je savais quelles questions leur poser et quelles informations leur donner.

En 1996, on nous fit l'honneur de nous sélectionner, Bruce et moi, comme « famille d'accueil de l'année ». Vu mon expérience, on me demanda aussi de faire la liaison entre toutes les familles d'accueil du Massachusetts ; j'aurais pour mission de les conseiller et de les soutenir en cas de crise. J'acceptai non sans embarras, car il m'arrivait encore de traverser des périodes difficiles ; mais je réalisai très vite que ces contacts accrus avec les travailleurs sociaux et avec mes pairs donnaient une nouvelle dimension à mon travail. Je commençai à écrire quelques articles et à prendre la parole en public à ce sujet, et je suivis des cours me permettant de devenir formatrice pour les familles d'accueil potentielles.

Je déteste toujours les banalités échangées au cours des cocktails, mais je me sens plus à l'aise quand on me questionne sur mes activités. « J'écris et j'enseigne un peu, mais je suis avant tout une maman d'accueil » : telle est ma réponse.

Épilogue

On continue à me demander comment je supporte tant de malheur et de misère. Les drogués, les prostituées, les pédophiles et les fous. « Vous n'avez pas peur ? ajoute-t-on. Ne souhaitez-vous pas redevenir enseignante ? Vendre des serviettes ? Ou faire n'importe quoi... sauf ça ? » Certainement pas ! Tenir une maison et élever des enfants est à mon avis une noble tâche. J'annonce ma profession la tête haute. Une profession qui ne convient pas aux petites natures et exige parfois une âme de guerrier.

Mes aînés dînaient récemment à la maison. Bruce et moi avons jeté un regard autour de la table, si fiers de ce qu'ils sont devenus.

Le jeune Bruce, père célibataire, élève

tout seul deux jeunes enfants et s'en tire à merveille; ses enfants sont intelligents, beaux et épanouis. Nathan parle des adolescents perturbés dont il s'occupe en internat avec tant d'affection et de maturité que j'ai du mal à croire qu'il a à peine plus de vingt ans. Récemment, je lui ai demandé ce qu'était devenu son nouveau manteau; il l'avait donné à un SDF surpris en train de fourrager dans une poubelle, m'a-t-il avoué en rougissant. Ben nous écrit chaque semaine pour nous mettre au courant de ses activités de missionnaire. Sa gentillesse et sa sensibilité touchent toutes les personnes de son entourage. Il revient l'année prochaine et espère trouver un emploi dans un jardin d'enfants. Neddy, encore étudiante, s'intéresse au travail social et à la psychologie. Angie, la fillette arrivée chez nous avec un regard furibond et peu d'avenir, a été récemment élue Reine du Carnaval, un honneur rendu non seulement à sa beauté, mais à ses services bénévoles au sein de la communauté; elle a les mêmes centres d'intérêt que Neddy. Karen gère ses multiples handicaps avec grâce et courage. Que pouvons-nous souhaiter de mieux en tant que parents?

J'ai régulièrement des nouvelles de mes « anciens » — des nouvelles moins sombres que je ne craignais.

Après avoir été ballotté quelques années de foyer en foyer, Dan a été admis dans une institution destinée aux adolescents souffrant d'un handicap psychiatrique. Il n'aura sans doute jamais une véritable autonomie, mais il a une vie à lui et des amis. Il voit sa mère chaque mois; cette relation compte pour lui.

Sara aussi s'en tire mieux que prévu. Restée en internat, elle a réussi à se faire sa place. Bien qu'elle ne soit pas encore prête à vivre dans l'intimité d'une famille, elle émerge petit à petit des zones d'ombre de son enfance.

Lucy écrit toujours à Angie et Neddy, et je parle souvent à sa mère. Bonne élève, elle est devenue une remarquable athlète et procure de grandes joies à ses parents adoptifs.

Les services sociaux se sont légèrement

améliorés. Les familles d'accueil sont mieux formées et mieux contrôlées qu'à l'époque de mes débuts. Grâce à cette meilleure formation, nous constituons un groupe plus représentatif, habilité à plaider la cause des enfants qui nous sont confiés. Pendant la période faste des années quatre-vingt-dix, la charge des travailleurs sociaux a été allégée et un effort réel a été fourni en faveur des familles les plus défavorisées. Malheureusement, les excédents budgétaires ont disparu ces derniers temps, et les programmes de soutien ont été supprimés un à un. Des assistantes sociales ont été congédiées; celles qui restent en sont réduites à travailler dans l'urgence. Une chose n'a pas changé en treize ans : quand les temps sont durs, on équilibre le budget sur le dos des enfants et des plus défavorisés.

Les enfants non plus ne changent pas. Les fantômes de bébés traumatisés, comme Sara, Danny ou Lucy, me regardent toujours à travers les yeux de chaque petit nouveau. Il m'arrive, après une mauvaise journée, de songer à changer de vie. Je rêve de pensions, d'arrêts de travail, et de conversations avec des êtres humains qui ne mangent pas leur porridge avec leurs doigts. J'ai même donné toute ma layette et démonté le berceau. Mais comment jurer qu'une adolescente de quinze ans ne mettra pas au monde un bébé dont elle sera incapable de s'occuper, et que je ne déciderai pas de renouveler tout mon matériel ?

J'ai dit et répété que j'en ai fini avec l'adoption. Six enfants me suffisent largement et ils atteignent un âge où je peux envisager mon avenir avec un bac à sable vide et une balançoire à l'arrêt. Pourtant, il me semble qu'un tel avenir sonne creux. Mon imagination m'entraîne malgré moi vers d'autres enfants sans foyer. J'entends toujours le chant des sirènes.

Impression réalisée sur CAMERON par

BRODARD & TAUPIN

GROUPE CPI

La Flèche

pour le compte des Éditions France Loisirs
en mars 2004

Imprimé en France
N° d'édition : 40280 - N° d'impression : 23392
Dépôt légal : mars 2004